人を動かす心理学

好感心理学

1分钟打动人心

[日] 涉谷昌三 著　江瑜◎译

北京师范大学出版集团
BEIJING NORMAL UNIVERSITY PUBLISHING GROUP
北京师范大学出版社

图书在版编目（CIP）数据

好感心理学：1分钟打动人心／（日）涉谷昌三著；江瑜译. —北京：北京师范大学出版社，2014.10
ISBN 978-7-303-15689-4

Ⅰ. ①好… Ⅱ. ①涉… ②江… Ⅲ. ①心理交往-通俗读物 Ⅳ. ①C912.1-49

中国版本图书馆CIP数据核字(2014)第082810号

营 销 中 心 电 话　010-58805072 58807651
京师心悦读新浪微博　http://weibo.com/bjsfpub

HAOGAN XINLIXUE
出版发行：北京师范大学出版社 www.bnup.com
北京新街口外大街19号
邮政编码：100875
印　　刷：北京易丰印捷科技股份有限公司
经　　销：全国新华书店
开　　本：148 mm × 210 mm
印　　张：6.75
字　　数：196千字
版　　次：2014年10月第1版
印　　次：2014年10月第1次印刷
定　　价：28.00元

策划编辑：谢雯萍　　责任编辑：李洪波　王蕊
美术编辑：袁　麟　　装帧设计：红杉林文化
责任校对：李　菡　　责任印制：马　洁
营销编辑：张雅哲　　zhangyz@bnupg.com

序言
preface

说起作为对商务人士来说必不可少的技能，外语、IT技术、会计常被人津津乐道。在当前的市场状况下，英语和IT技术确实相当重要，掌握会计知识也有助于从另一个视角审视自己的工作。

然而，更为关键的技能还数人际交往能力。

如何与初次见面的人相处融洽。如何令对方接纳自己的意见，诚服“我明白了，我会试试看”。只有在掌握这些技能的基础上，才能发挥出诸如外语应用能力等自身的其他才能。

工作离不开人与人的交往，而个人梦想的实现也需要借助他人的力量。因此商务人士首先需要锻炼的就是与人相处的能力。

工作中人常与量化的东西打交道，但人毕竟不是机器。他会为情绪左右，也必然会被喜欢的人的言行影响。即便做同一工作，工作意愿也会因共事对象不同而大相径庭。当与有好感的人共事时人的工作意愿较高，这也是人类的一个普遍心理。

因此，提高与人交往的能力，不仅工作的成效能得以改善，人生也能因此往前迈进。

其中，最基础的就是“赢得对方好感的技巧”。

对方对你是否持有好感会在很大程度上决定你能否说服他，同时，若能赢得好感，也可以促成下次合作。

打动他人，谋求双方共赢。只有能与他人建立如此关系才可谓职场高手。

本书将落实到具体的行动上介绍一些实用的技巧，以期能够对读者有所启示。

“和你合作很愉快，所以我才会赞成你的提案。”

“我相信你所说的。”

如何令对方说出这样的话？本书将从心理学的视角为你揭晓其中的秘诀。

诚如书中多处强调，交际能力无关乎你有多高的学历，有多少才能，它只是一种技巧。无论如何，首先要试着行动起来，相信一个行动便能开启人生的新纪元。

涩谷昌三

2012年1月

目 录
contents

第一篇 你是否使用过提升好感度的技巧

第二篇　透过外表解读“对方的要害”

第三篇　“启动情绪开关”打动人心

第五篇　变一面之缘为一生之交

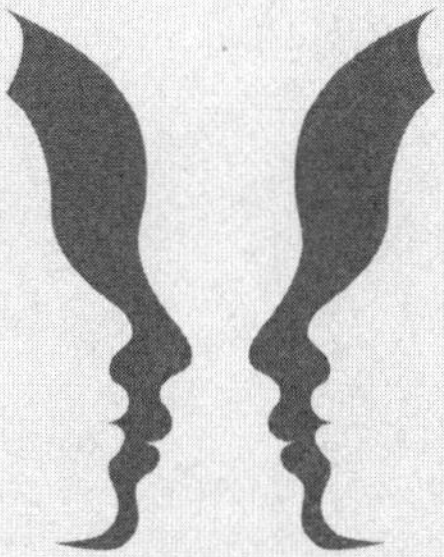

第一篇
你是否使用过提升好感度的技巧

1

打动人心的基本在于赢得好感

伊藤洋华堂的创始人伊藤雅俊认为从商之本在于牢记三点："顾客从不主动光临，客户从不主动上门，银行从不主动贷款。"

因此，一直以来他都心怀感恩并竭尽全力地为顾客着想。可以说正是由于秉承了这一理念，伊藤洋华堂才得以发展成为日本零售业利润最高的企业。

"打动人心"，说到底就是要想方设法地令他人在自己的意愿下，因为"想要行动"而有所实践。然而有时候尽管我们煞费苦心也不一定能得到好结果。

怎么做才能令对方“想要行动起来”呢？这便是打动人心的秘诀所在。

◎人心永远向喜欢的人敞开

那么怎样才能打动别人呢？

人更愿意响应喜欢的对象。

试想一下，一个你原本对其不抱好感的人邀请你“今天一块吃饭吧”，你会作何反应？

想必你会有所戒备，揣摩其有何居心。要是换作要好的朋友或者平素就一直想要亲近的人，你大概早就爽快地答应了吧。

倘若第一印象就觉得“这人不错”，那么你对此人的行为也能抱以好感，这就是心理学上讲的首因效应。

对于自己不熟悉的对象或是感觉会对自己造成伤害的对象，大部分的人都会本能地封锁心门，自我保护。

相反，对方如果一开始就对你抱有很高的好感度，那么他的本能防卫意识便会减弱，你与对方之间交往自然也能顺利进展。

也就是说“打动人心”的前提在于“赢得好感”，至少要与他人建立心灵相通的关系（共感关系）。这便是打动人心的诀窍。

◎商务关系不会因一次合作结束而解除

当今社会，要想不被激烈竞争所淘汰，就要懂得尽可能多地建立双赢的商务合作伙伴关系这一生存之道。因为在这种关系下，双方才能在反复接触的过程中强化信任关系，进而为彼此利益的最大化而同心协力。而赢得好感是它的第一步，也是至关重要的一步。

◎人际交往能力是一种任何人都能提升的技巧

有这样一类人，他们或许深谙赢得好感的重要性，却因自己不善交际而退却。在此，作为一个心理学专家，我可以断言人际交往能力只是技巧问题。实际上能否赢得好感取决于你掌握多少技巧，而且是否在实践中加以磨炼。

技巧无关乎才能，谁都能掌握。有的人之所以能够左右逢源，就是因为他们有意识或无意识地运用着提升自我好感度的技巧。在第一篇中我将向大家介绍打动人心的第一步——提升自我好感度，抓住人心。

图01　打动人心的基本在于赢得好感

人更愿意响应喜欢的对象。
平时注意有意识地与对方建立心灵相通的关系。

2

即便容貌不出众，也要在视觉上赢得好感

在美国有人做过一个这样的实验。

给400名小学教师看一些外形出众以及不出众的小孩的照片，并在成绩相同的设定下，由教师来对每个小孩进行评价。结果显示，对于外形出众的小孩，教师们在学习成绩外的其他方面也给予了很高的评价，而对于外形并不出众的孩子，教师们的评价却完全相反。

我们常说“人靠内涵决胜负”，然而该实验的结果则表明外形给人的印象也会左右人的判断。

换一种说法，即便你拥有再丰富的内涵也需要被人知晓才

能获得赏识。尤其是在第一印象上，可以说外形很大程度地影响好感度。

当然，此处所说的外形不光指容貌与体型。清爽利落的服饰与发型也是外形的一部分。同样也包括擦身而过时身体散发的香味。

挺胸抬头，面带笑容也属于外形的一部分。因此，即使容貌不出众，只要营造出令人喜欢的感觉，你就能展现出自己独具的魅力，别有风情的面容。

◎受欢迎的人借助了外形的力量

美国心理学家莫拉彬（Mehrabian）的研究显示，个人印象的55%是由人的容貌仪态以及动作表情决定。也就是说在说话之前，对人第一印象已形成了五成。另外值得一提的是，人们常常认为说服他人以及与人谈判时“全凭言语”，其实影响印象的因素中言语所占比率不超过7%。

因此，那些能自然而然地赢得周围人好感的人一定在无意识地借助外形的力量。

如果说无意识的行为都能收到成效，那么要是能有意识地去考虑“如何才能令自己显得更有魅力”并付诸实践，便更能大大提升自身好感度。

不妨试着审视自我，寻找身上能提升自我魅力的地方。要知道只要稍加改变，你给人留下的印象便会大不相同。

◎通过动作与表情彰显你的魅力

女演员木村多江出演过《白色巨塔》等多部影视作品而出名，并因其身上成熟女人的魅力而为人们所喜爱，她曾在书中写过下面一段话。

“如果有人看到我所饰演的角色，偶然有那么一瞬间觉得我‘漂亮’，那一定是我的动作、表情给人的错觉。”

据说木村原本就一直很在意自己的小眼睛，她曾说“每次看到电视里的自己都很失望”。

于是她下定决心去上化妆课，也开始琢磨自己的容貌及发型，经过各种尝试失败之后，她终于发现瞬间的一个动作或表情就能改变人的整体印象。2010年她主演的电影《东京塔》公开放映后，木村红遍大街小巷，可以说这也是她多年努力的成果。

换下皱巴巴的衣服，整理整理头发，我们也可试着从这些简单的事情开始改变自己的形象。仅凭这一点就能大大提升打动人心的能力。

图02　受欢迎的人无意识地借助了外形的力量

个人印象的55%是由人的容貌仪态以及动作表情决定。

3

你是否随时展现笑容

如果你已注意到自己的服饰，那么接下来需要留意的便是自己的表情。

你的表情是否因为紧张而僵硬。要想提升好感度，笑容是最强有力的武器。因为这种表情可以向对方传达“我对你没有敌意”“很荣幸见到你”的信号。

相反，眉头紧蹙则是拒绝的信号。

这传递出一种“我不愿意接近你”的信息。如此一来，非但无法赢得对方的好感，还会阻碍你与对方之间的沟通。

与无深交的对象谈生意时，人们多少都会感到紧张。但大部分情况下工作都是从客场作战开始。因此，你要是被现场气氛压倒而无法完全发挥出应有的实力，就这么让时间白白耗尽的话实在是可惜至极。此时，“笑容”这一技巧便能发挥作用。

◎微笑的能量无穷

洽谈或面试之前如感到紧张，不妨事先练习微笑，相信这一个小动作就能成为突破口。即便强装笑容也无妨，只要保持微笑，你就会发现自己的心情也能因此而改变。平心静气后你便能在最自然的状态下更好地发挥自身实力。

和田裕美就成功地将微笑的力量运用到了生意场上。

作为一名女销售，和田裕美的业绩在外资教育公司领域创下了“全球第二名”的好成绩，如今她自己经营着一家人才培养公司。她曾在著书中讲述刚入行时也曾因业绩提不上而痛苦无比。

那时的和田便将注意力放在了微笑上。

据说她进办公室时会微笑着跟同事打招呼，与客人见面时也时刻保持微笑。总之不论对谁，她都不忘面带笑容。

她告诉人们，新人能做的工作十分有限，他们毕竟无法同经验丰富的老员工一样去承担并胜任大量的工作。

可是保持微笑却是自己力所能及的事情，而且还能令周围的气氛更加融洽，何乐而不为。因此她便开始注意保持微笑，慢慢地工作气氛融洽了，与客户的合作也愉快起来，总之工作环境大大好转。

世界第二的纪录不是谁都可以缔造的。

但这第一步——“微笑”却是任何人都能做到的事情。

简单事物的累积可以化作无法比拟的力量，要想打动人心就应切记这一点。

“我脸上微笑心在哭泣”。

这是电影中阿寅的台词。我们应该像这句台词一样，越是走投无路越要微笑面对，告诉自己“船到桥头自然直”。谁都会乐意亲近时刻微笑的人。

图03　要想提升好感度，笑容是最强有力的武器

4

相似之人往往能相互吸引

有一项实验调查了人们对陌生人产生好感的顺序。

实验地点设在一座学生公寓，里面的学生互不相识。实验发现，住在彼此隔壁的学生能最先成为朋友，接着是老乡或是志趣相投的人。可以看出相同点多的人成了朋友。

心理学上称之为相似性原则，同与自己相似的人在一起能让人感到安心，也正因如此，反过来，对方也会认为“与我相似的人一定是好人”而对你抱有好感。

“请问，你喜欢××吧，我也很喜欢呢”。

倘若对方与自己有相同的兴趣，大可试试这样交谈。

很多人谈到工作上的事情就沉默寡言，而一旦说起自己喜欢的事物却能侃侃而谈。有的人看到了这一点，他们会在对方谈论自己喜欢的事物时借机插上一句“这么说来，要不试试这个提案”，从而将话题引到工作上。

◎人对“与自己相似的人”更宽容

事实上诸多实验证明人们习惯于偏袒与自己相似的人。

例如，人更愿意向与自己持有相似态度的人伸出援助之手。在工作上，也习惯高于实际地评价对方，这样对方与其共事时也会感觉愉快。

此外，对方还会适当抬高自己，他会认为“要是同我相似，对方也一定是一个理性的，适应能力强且风趣幽默的人”。

为了加深与对方的沟通，人们基本上都会运用这个技巧。

尽管对对方说“我们还挺像的呢”也不失为一个好方法，但如果双方关系并不那么亲密，有时反倒会令人觉得有套近乎之嫌。

此时你也可以试着去模仿对方的举止与动作。

比如对方挠头发自己也自然地撩动头发；对方手托下巴，自己也跟着做。这种像照镜子般模仿对方动作的现象在心理学上被称为镜像效应。

如此，对方会认为“说不定这个人和我有相似之处”。

◎生意要从“寻找与对方的相同点”谈起

寻找与对方的相同点对自身来说也是有好处的。

当你发现一个本来很严肃的人竟与自己系同一款领带或是喜欢同样的东西，你自然会想“这样啊，对方和我没什么不同”，继而与对方接触时就不会再感到紧张。

同时，你也会对对方产生兴趣，从而更好地掌握对方的喜好。这就是说，你更能辨别出与对方交往时的关键所在。

工作的第一步在于赢得对方的好感。

让对方畅谈喜欢的事物可以使其心情畅快。如果做到这点，你在对方心中的好感度便能有所提升。对此，最好的办法莫过于找到与对方的相同点。

图04 寻找与对方的相同点是谈生意的第一步

5

善于倾听的人拥有的三大能力

简单来说，人很享受心情愉悦的状态。

因此他们会对令自己心情愉悦的对象产生好感。

能自然而然地赢得周围人好感的人一定深谙“令周围人开心的技巧”。

有些人正是由于善于倾听才会十分受欢迎，因为善于倾听的人能给周围的人带来三种幸福。

◎“倾听的力量”使对方感到满足

第一种为“心情舒畅的幸福”。

心情郁闷、问题烦恼堆积如山的时候，倘若有人倾听自己的发泄，心情立马就能变得轻松。

我想谁都有过类似的经历，这种将心中所想一吐为快的现象叫作“净化”，而你可以通过倾听来帮助对方净化心灵。

第二种为“清晰明朗的幸福”。

对方在倾诉的过程中一点点理清头绪，他便会突然发觉：

“对啊，没什么好烦恼的”；“之前都没发现，说不定用这个方法就能解决问题”。

这些想法给其带来一种茅塞顿开的感觉。这叫作“洞察”，前路豁然开朗对他来说也是一种幸福。

接着是第三种为“干得漂亮的幸福”。

人人都有自尊感，都认为“自己同样是有价值的存在”。

这种自尊感正是自信的源泉，不论是想要顺利与人交往还是成功打动人心，自尊感都能化作巨大的推力。也就是说，倾听对方就能满足其自尊感并令其感到愉悦。

“倾听”看起来简单，但与其努力想要好好表达却因紧张而说不好，倾听更能提升你在对方心中的好感度。

当然，在此基础上产生的好感能进一步转化为双方间的信任，助你在说服他人或与人谈判时获得成功。

◎越是不善倾听越是为人厌烦

有些人，他们不善于处理人际关系，便总想着“要是我能更善言辞，一定就能更自如地与他人交往”。

然而，越是这样的人，越要学会“倾听”而不是“说话”。因为说到底，说话、打动人心都建立在“倾听”的基础之上。

戴尔·卡耐基撰写过多本有关人际沟通的著作，他在书中指出“符合以下几点的人绝对会被人讨厌，暗地里为人所嘲笑、蔑视”。

- 无法长时间倾听对方的话语。
- 自始至终都大谈自己的事情。
- 对方说话时，一有意见就立马打断对方的话。
- 认为对方不如自己，觉得没必要继续听这种人的无聊言论，因此毫不客气地中途插话。

要是自认为“不善言辞”便无须勉强说话，应试着去倾听对方的话语，了解其心声，揣摩他的心思。这样反倒能够促进彼此间心灵的沟通。

一种是善于倾听的人，一种是善于交谈的人，哪一方更能令周围的人感到愉悦，答案不言而喻。

图05　善于倾听给对方带来的三点好处

当自己的话语有人倾听时，说话人能感受到三点好处，即“心情舒畅”“清晰明朗”“自尊感得到满足”。

6

不善交际的人所欠缺的读心术

“能自然而然地赢得他人好感的人”从来就没有忽略过与人相处的关键所在。

他们会以“对方的视角”来审视自己想说的话，经过一番深思熟虑后才说出口，也会揣摩对方乐于分享的话题有针对地提问，如此一来对方便觉得“此人深知我的心意”而对你更有好感，更加信任，才会更愿意主动行动起来。

此外，在与对方做深入沟通时应换位思考。除了谈论内容应为对方感兴趣、关心的话题外，还需根据其心情与理解能力来调整话语以便更好地表达自己的想法。

对方越是不同于自己，从“对方视角考虑问题”便显得越发重要。可以说意思传达上的误解或是与双方间矛盾纠纷的产生，都是因为没能做到这一点所致。

◎单向沟通制造交往的屏障

“不善交往”的人则恰好相反。

他们只顾自说自话，要是进展不顺就开始胡思乱想“人际交往太难了”“我不擅长与人交往”。

这些人其实大都因自身行为令自己与对方距离拉大，但他们自己却不曾察觉。遗憾的是他们并未能直面对方，这就好比一个人玩相扑——自己为难自己。

沟通自是要有对象才能成立，因此交谈时如不能配合对方的反应便无法达到有效的沟通。

如果对方面露诧异，表示或许“你的解释不易理解”，这时不妨换一个角度重新解释一番。如果对方面露喜悦，你大可继续原来的话题。

首先从表象的反应上窥探对方的心情，接着在此基础上，从对方的视角考虑，寻找最佳的沟通方法。

解读对方的内心有助于与对方建立起联系，缔结深厚的情谊。

7

你是否懂得“第一分钟”的重要性

多年前，当我还是学生时，我做过这样一个实验。

我让一群陌生人两人一组围绕一个特定的话题随意交谈，并让他们在交谈结束时示意我。

实验目的是为了测试陌生人之间的对话能持续多久，结果谈话大都在1分半钟内结束。

其中也有人持续了三分钟以上，却屈指可数。

当时我便发现，三分钟对于熟人来说转瞬即逝，但“和陌生人谈话却难以持续这么长时间”。

相遇后的第一分钟是互不相识的人之间互不感到尴尬且能

彼此容忍的时间极限。

也就是说要想提高自身好感度，重要的是在刚开始的一分钟之内抓住“要害”，营造出令对方接纳自己的氛围。

◎通过“一分钟训练”突破面试·商务洽谈难关

人们常说“面试时前30秒至关重要”。

是否果真如此就不得而知了，但至少可以肯定的是如果刚开始就给对方留下不好的印象，之后的面试也一定不会顺利。

比如，面试官让你做自我介绍时，你若喋喋不休地长篇大论，一定不能给对方留下太好的印象。

不常说话的人一到发言时就会“那个也想说”“这个也要说”，于是话语会变得冗长累赘。或许本人只是出于好意，殊不知对于不感兴趣的话题，对方完全听不进去。

因此，刚开始的一分钟内你能与对方建立什么样的关系，谈及何种话题至关重要。

从几年前起，我开始在研讨小组的课堂上安排“一分钟演讲”的时间。

我要求学生们将从报纸或杂志上看到的内容归纳成一分钟以内的内容进行演讲。但结果，大部分学生无法将内容压缩在1分钟以内，对他们而言1分钟的时间似乎太短了。

图06　养成习惯，一分钟内说完想说的话

勤练自我介绍，力求在一分钟以内给人留下深刻印象。

如果用秒来计算时间，你会发现其实一分钟也很长。在说服他人的实验中，人们发现说话速度以一分钟400字（日语）为宜，如此看来在一分钟内还是能说很多内容。

实际上，简洁扼要地只说重点，一分钟时间足矣。

况且一分钟也不会给他人过大负担。

面试或商务洽谈时，想要在有限的时间内发挥出应有的实力，“第一分钟”内的沟通极其重要。

此时如果养成了“一分钟内概括地说出想说的话”的习惯，你便能在短时间内解释清楚，对方也大都会乐意倾听。

懂得“一分钟的意义”“一分钟的重要性”，有效利用这一分钟，或许就能缔结长年的合作关系。

8

能否赢得好感无关乎才能

有的人一见面即能抓住人心，或能令稍有些小个性的人臣服，道一句“我明白了”。通常我们称这样的人“八面玲珑”。而他们也正是以此为武器，不断拓展人脉，成就自己的事业。

拿历史人物来说，丰臣秀吉就是一个典型例子。

那么，他有什么魅力可以赢得众人好感呢？难道他具有什么特殊才能？

任何人身上都埋藏着被人喜欢的“种”与“芽”，缺乏的只是培育其成长的技巧。

◎沟通好比肌肉

没有必要因为“自己不具备赢得他人好感的才能”而妄自菲薄，只要磨炼“与人沟通的技巧”就能塑造出“受欢迎的自己”。

通情达意的技巧，读懂对方情绪的技巧，打开对方心扉、赢得信任的技巧，让对方愿意尝试并主动行动的技巧……只要提升这些技巧，身体内那颗受人欢迎的“种子”便能生根发芽，开花结果。

技巧如同肌肉，它可以通过锻炼一点点加强。可以说受欢迎的人都练就了一身“沟通的肌肉”。

当在人际关系问题上处理不当时，我们常常会责备自己“为什么这么不善于交际”。但那并不表示你不行，而是因为你缺乏“与人交往的技巧”，只要加强锻炼即能提升。

别看水面上的天鹅优雅地漂浮着，它一定在水下一个劲儿地凫水。要是一味苦恼而不行动永远无法前进。要知道只有行动起来技巧才能得以锻炼。相信沟通的肌肉将越练越强。

赢得他人好感的必要技巧虽说都是一些小细节，但一个个小细节累积起来便能结出丰硕的果实。

9

恋爱是锻炼人际交往能力的最佳方法

长年交往的人之间能建立起心有灵犀的关系。

这种关系令我们在交往时很放松也很有活力。我们每天都要经历成功与失败，而这样的关系对我们的心理健康十分有利。

但从人际沟通能力的锻炼上讲，这样的关系反倒不利。因为形成如此关系的人之间，无须话语就能明白彼此的心意，那么一切的沟通技巧都显得多余。

相反，越是与不同于自己的人相处越能锻炼自己的沟通能力。

当遇到一个“无法理解的人”时，人们首先会思考为什么我们无法相互理解。接着还会反复琢磨“怎样才能获得对方的理解”“怎样才能轻松交谈”。在做这些努力的同时，“赢得好感的能力”以及“不令人际关系恶化的能力”便得到了锻炼。其中与异性相处是提升交往能力的最佳办法。

◎越是“无法彼此理解”，越能锻炼交际能力

男性之间能简单理解的事情女性听了可能会讶异难解，惊呼“不可能吧”。

反过来，也有很多女性抱怨“为什么男的连这么简单的事情都不懂”。

恋爱是截然不同的两个人之间的亲密接触，这比任何时候都需要沟通技巧。

不论是与比自己年龄小的上司、老外上司抑或是异性下属交往，还是婆媳间、妈妈们之间的相处，一切的人际交往关系都可以从恋爱中得到启发。沟通就是一种尝试与不同于自己的人通情达意的过程。

当喜欢上一个人，你会在意对方任何一个细微的言行举止。你会因为对方的无视而沮丧失落，反过来又会因为对方一句温暖的话语而情不自禁地笑起来。

图07 尝试与不同于自己的人沟通可以锻炼沟通能力

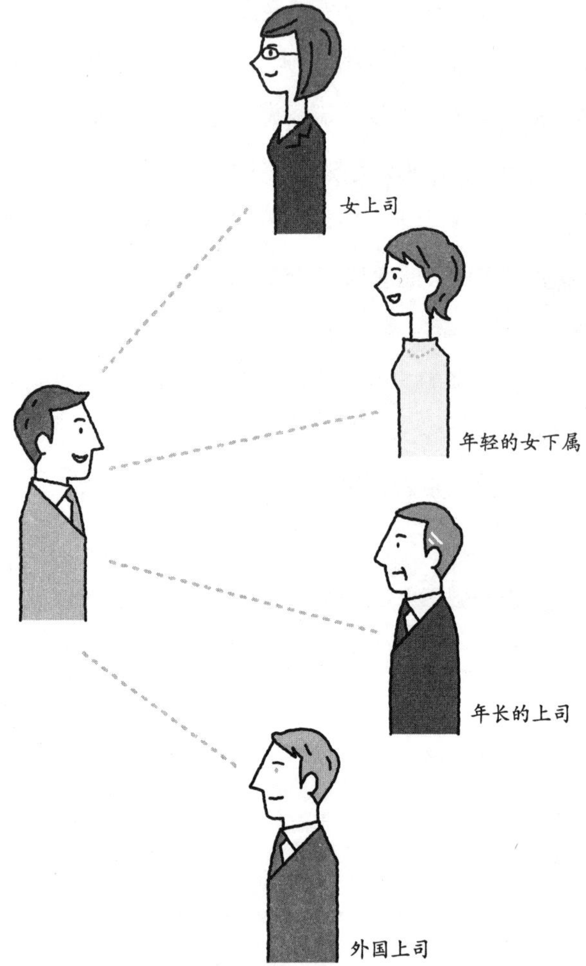

试图与无法彼此理解的人相互理解，沟通能力便能得到锻炼。

有时我们认为好的意见会被对方毫不留情地推翻。但由于否定自己的正是自己喜欢之人，因此即便自己是对的，人们也会因被否定而摇摆不定，认为“说不定是我弄错了”。这被称为自我不确定心理。

与人交往时要克服这种自我不确定心理带来的不安，学着理解对方，思考怎样才能使双方都愉快。

在此过程中，我们可以培养自我“抓住人心的能力”“修复情感裂缝的能力”以及“令对方采纳自己意见的能力”。

恋爱关系也是人际关系中最复杂的一种关系，因此通过恋爱可以历练人的多种能力。“想要锻炼人际交往能力就找个人谈恋爱吧”，虽说是一句玩笑话，但恋爱确能锻炼人的交流能力。

在生意场上，掌握良好的沟通技巧这一卓绝的人际技能比学习MBA的知识更为重要。说到底，只要具备人格魅力，其他的一切都好办，因为你完全可以向懂的人请教。

从锻炼“与初次见面之人交往的能力”这一意义上说，联谊是不错的机会。因为你需要全心考虑如何才能与素未谋面的人愉快相处。而在此基础上若还能考虑到整个现场的气氛，你的人际交往能力便更能有所提高。

10
怎样说话才能赢得好感

第一次与顾客洽谈时人们一般都会交换名片。倘若对方完全不重视自己的名片，你一定高兴不起来。名字代表本人。妥善保管并巧妙利用对方名片也可为提升自身好感度制造机会。

例如你可在对话中适时提及名片上的姓名，用“是这样的，××先生/女士”取代“是这样吗”，对方才会把你看成更亲近更特别的存在，而不仅仅是“众多客户之一”。

这就是心理学所说的自我卷入。对话中提及诸如“××先生/女士”，融入自己姓名后会形成自我卷入，这样便会对对方心生好感与兴趣。

但过分提及也有可能产生负面影响。

有一个实验以初次见面的男女为实验对象，对其被称呼姓名时的反应进行了调查。结果显示，15分钟内被叫6次以上时，人们会感觉过分亲昵。

每个人都会根据与对方的关系在内心设定一个感觉自如的距离。如果太过频繁地称呼对方姓名，你很有可能在不知不觉中便踏入了对方的禁地，令对方对你的好感度下降。

因此，该技巧应有重点地集中运用在自己真正希望传达给对方的事情或是想获得对方积极态度的时候。

◎出现不同意见时应先接受

该技巧同样可以在会议或者洽谈上提出个人观点时运用。

赞同时不应只说“不错”，而应说“我认为不错”，令对方明白这是你个人的意思，你的好感度便能得到提升。

反过来，当他人提出异议时，不应一开始就否定“这个似乎不太好吧”，而应暂且接纳，随后提出自己的意见，“这样啊，还有这样的思路。只不过，对于这个我可能还有些疑问”。

如此一来，对方便会认为“你并没有否认刚才的意见，只是给他提了些改善的建议”。

“大家不要有顾忌，大胆地说出你的意见。”

会议上我们经常能听到这句话，殊不知这句话正与上司的那句“今天放开了，不用拘泥于礼数”如出一辙，如果就这么囫囵吞枣地理解表层意思，你将会蒙受沉痛的损失。

一般来说，人们都讨厌他人否定自己。

虽说如此，你也不必勉强自己迎合对方，只是需要掌握一些技巧在不否定对方的前提下大胆地阐述自己的意见。

立场不同标准自然也不同。

因此，有时自己难以接受的事情对对方而言或许是正确的。此时，一味争辩“你错了”“不，你不对”也无济于事。在商务对话中，首先应将双方的意见摊到桌面上来寻找两种解答的交集，然后做出最佳选择。

外形是个人形象的轮廓，言语则是让个人形象丰满的沟通手段。因此，站在对方的位置，换位考虑措辞便显得十分重要。

11

发自内心地喜欢对方，更要懂得自尊自爱

想要获得好感的心理不同于为他人着想的心情。

“想要获得好感”仅是自己的心理，其中不存在对他人的体贴与理解。表面上是在关注对方，实际上却并没考虑对方。

譬如，有些人为了赢得好感而赠送他人昂贵的礼物。但礼物并不是越贵越好，倘若不合对方的心意，反倒让人觉得“收了这么贵重的礼物”过意不去，又或者令对方认为“你根本不了解我”适得其反。

还有的人认为只要是付出真心，送什么都无所谓。但也应

该反思一下，这片真心是否只是你的一厢情愿。

最理想的办法就是在充分了解对方的基础上馈赠礼物并体现出“我很重视你”。

◎好感能同回声一般反射回来

赢得好感的根本在于两点。

首先是要发自内心地喜欢对方。

一旦喜欢上了对方，你自然会对他感兴趣。揣测“他在想些什么”的同时，你便能逐渐把握对方的喜好。

这样，对方感受到你的好感后，他对你的印象也会有所改变。这被称为好感的相互性，指的是你对对方的好感如同回声一般反弹到自己身上的现象。

小孩经常会想去欺负自己喜欢的小朋友。如果这样，即便你对对方抱有好感对方也完全感受不到。因此，倘若掌握了表达情感的技巧，不论结果好坏，至少不会导致双方间的误会。

接下来的一点是要懂得自尊自爱。

自尊是指人们对自身价值与能力的自我衡量。

研究表明自尊感高的人倾向于先看到他人的优点。能先看到对方优点的人可以与各种类型的人相处融洽，甚至是一些不同于自己或是有怪癖的人。这样他的交友面会很宽。

反之，自尊感低的人比较容易抱有警惕心，认为“他人会对自己不利”，他们习惯于先看到他人的缺点。这样一来，他们会见这个也讨厌，见那个也讨厌，交友范围很局限。

此外，自尊感低的人听到否定自己的话语时会突然变得极具攻击性或者沮丧地觉得自己不行。

这是由于他们没有自信断言“自己并没那么差”，所以才会因他人的评价乱了阵脚而出现过度反应。

“知己知彼，百战不殆”。

正如孙子的这句名言，我们要站在对方的立场考虑，相信自己并不差。做到这点人生就能一步一个脚印地向前迈进。

图08 自尊感高的人先看到对方的优点

12

人际交往犹如驾驶汽车

我认为人际交往就如同驾驶汽车。

在“人生这条公路”上，有拿着无事故无违规记录的金牌驾照的人，也有拿着假驾照横冲直撞的人。

◎了解对方的速度，配合对方速度行驶

驰骋在人生这条公路上，为了确保安全最好是配合周围的车，也就是按对方的速度行驶。

当然很多人独自行驶在自己的车道上，但也有很多人为了

生活难免要在某处与他人的车道交汇。此时，要是不配合对方的速度擅自闯入便会引发大的事故。

图09　了解对方的速度，配合对方速度

要想积极主动地加深与对方的沟通，你需要了解对方的速度。接着配合对方的速度一起前行。

只知道以自己的速度生存的人定会烦恼于人际关系。这样的人不会去主动配合对方，而是希望对方来配合自己，因此不会有人愿意与之亲近。

禀性不同的人相互合作便能创造出比孤军奋战更大的成就。

这就是做生意，也是我们拥有的能力。

只有众人同驶于一条宽阔的道路之上才能获得巨大的成果。

13

求同存异，不过分勉强

有的人为了迎合对方不惜压抑自己的想法。

“对方说一就是一”，如此迎合对方，他自然感到愉悦。不论对方说什么都同意，从不说不，从对方的角度看，与你相处起来相当轻松。

但是说得难听点，这样的人就是“墙头草”。

要是本人觉得无妨倒也无话可说，但这些人大都活得很累。

人生来就不同，意见不合也是理所当然。倘若一味顺从对方，双方的关系不可能持久。要是有一天突然按捺不住爆发了，对方还会大吃一惊，惊讶地觉得“没想到你是这样的人”。

◎保持情绪的收支平衡

倘若一直勉强自己，你总会发现别扭之处。心理学上讲究平衡原则，不管是过度地给对方施加负担还是过度地承受负担都会感到压力。这样就无法进一步深化当前的关系。

表扬人时亦是如此。如果对什么事情都赞赏有加，听的人也不会太过当真。因为更多地让人感觉到做作而不是好意，所以对方也就不会认真对待。

虽说为他人考虑也很重要，但人际交往究竟是为了谁，说到底还不是为了自己。我不认为令自己痛苦的交往方式能让彼此幸福。

爱自己就不应该勉强自己，而应肯定“真实的自我”。只有注意到这一点，你才能每天生活在便于发挥自身实力的状态中。

为对方而活说到底也是要为自己而活，也要爱自己。

爱自己，不为难自己的人才能打动他人，才能与他人建立心灵沟通和深厚情谊。

第一篇小结

打动人心的前提在于赢得好感。

要想提升好感度，笑容是最强有力的武器。

人更容易被与自己相似的人吸引。

先学会倾听而不是说话。

养成习惯，一分钟内说完想说的话。

爱自己的人才能打动他人，才能与他人建立心灵沟通和深厚情谊。

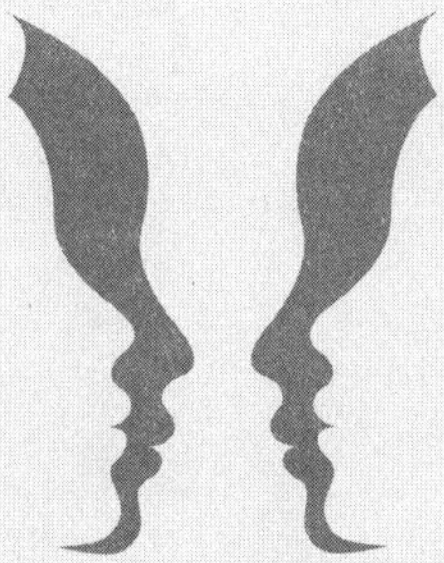

第二篇
透过外表解读“对方的要害”

1

对方的情绪总是暴露无遗

人们常把人际关系比作接传球。

擅长玩接传球的人总能巧妙地传球，令对方能够轻松接住。人际关系亦是如此，能恰到好处地传球你才能与对方相处融洽。

我们如何得知怎样的球才算好球呢?

前外务省官员、作家佐藤优曾在他的著书中写道：“98%的机密信息都可通过整理公开信息得出。”

通过分析报纸或杂志上轻而易举就能得到的信息，我们就能发现当事人有意隐瞒的真相。

同样，我们可以采取类似的方法来解密对方的心理。通过表情、动作等对方的外在表现及其手持和身上之物便能大致揣测出他的心思。

之所以能这么说是因为不管我们有没有意识到，这些信息都传达出内心的变化。

◎“对方的真心话”隐藏于表情动作之中

比如，当对对方抱有好感时，我们会很自然地展现出笑容。从专业的角度上讲，此时笑容是“好感”编码成的符号，善于处理人际关系的人也一定擅长解读这些符号。

而解读这些符号的行为则被称为“解码”（decoding）。

“微笑代表对方心情愉快”。

“目光闪烁表明他可能在掩饰些什么”。

像这样，读取对方传达的符号信息并将其进行整合，便能看穿对方的要害所在。

不过，符号并不总传达一种意义。神情不悦可能表明对方心有怒气，也可能仅仅是因为身体不适。

看事物不能只看到一个个碎片，而应将它们一块块拼凑成完整的图形后再进行判断。这样才能做出更为妥当的判断。

当然，想要了解更为准确的情况，还需通过谈话进一步确认。

就深化人际关系而言，可将从外表获得的信息作为最初的线索继续挖掘。

情绪这种东西真是捉摸不透，有时就连本人也无法理解为何自己会出现这样或那样的情绪。

因此，比起一开始就轻率地与对方搭话，仔细观察对方将更有助于加深了解。

图10　从外表获得启示，了解对方的为人

2

外表暴露人的内心

一般来说对方的穿着打扮可以表现出此人的心理，强制性着装自然另当别论。

例如衬衫的颜色也能表现“自我”。常穿蓝色衬衫的人在工作上也重视知性智慧。比起感性，他们明显倾向于理性地选择最为合理的做法。

喜欢穿黄色和米色衣服的人更愿意与多人交往而不是固定地与某个人交往。他们大多属社交型人并让人感觉容易亲近。

一直以来人们都知道色彩能够影响人的心理，更有研究发现颜色的喜好能反映出人的性格倾向。

瑞士心理学家吕舍尔(Luscher)称颜色的喜好中包含心理学上的意义，也就是说颜色也可作为了解对方内心的一个突破口。

◎华丽的服饰是自我防卫的铠甲

从外表看来，有些人偏好华丽的图案。这时，人们大都因其服饰华丽而认定他们在性格上也有爱出风头的一面。其实不然，因为不管本人是否觉察，他们如此穿着有时只是为了震慑周围的人。

其实他们的内心深处非常不安。对他们来说，华丽的服饰只是一件自我防卫的铠甲。不论打扮得多么华丽，他们大多内心寂寞，或是怯懦难掩。可以说服装只是一种本能的自我防卫。

同样，女性身上佩戴的饰品也具有防卫作用。自然地装饰一两件自己喜欢的首饰则另当别论，但那些妖娆地佩戴多件首饰的人内心的某处一定隐藏着自己的空虚。单看首饰数量之多便能知道她内心的不安与不满。

这时，你要是能以感同身受的态度，问候一句“工作一定很累吧，实在是辛苦了”，便能轻易地打开对方的心扉，并通过谈话一步步拉进彼此间的距离。

3

透过眼神读懂对方心思

目光相对、瞠目而视、眼冒金星、瞪圆眼睛等，有关眼睛的表达数不胜数。人可以用眼睛来表达自己的内心，也就是说，通过观察眼神就能读出对方的真心话。

其中，视线更是解读对方情绪、兴趣以及心意的重要线索。

比如，谈话过程中，双方有时会视线交汇，这时的视线大都表达几种意思。

首先，视线表示好感。

屡屡与你对视的人极有可能对你有兴趣或好感。要是再配以友好的表情和笑容，概率就更高了。

不过，目不转睛地盯着你看，则代表负面意义上的关注。

因为人面对有好感的对象时，会在对视的同时适当地有所回避。否则，表示对方因为某种原因对你心怀警惕或挑衅。因此，与对方交谈的时候也应留意到这些细节。

◎不再注视便意味着谈话结束

视线也传达出“我想与你交流”的信息。

不知你是否有过下述经历，走在大街上时，有一位陌生人一直向你投来目光，正当你思忖着到底是怎么一回事时，他上前来说道：“能帮我填下问卷吗？”

对方看向你时，一定是他有什么想要对你说的话。这跟会议等场合上因不愿发言而埋下头去是一样的心理。

此外，视线还表示“我对此事感兴趣”。

如果之前不怎么有眼神交流的人突然看向你说明他想与你进一步交谈。此时，不妨顺势将话题延续，拉近与对方的距离。

相反，你还在说话对方却已转移视线则意味着谈话结束。此时，应制造机会让对方说话或转移话题。前文提到对话就像接传球，出手的时机可以通过视线来判断。可见，视线能起到调节对话的作用。

◎提问后表露的视线中隐藏着“真正的回答”

值得一提的是还可以通过向对方提问，通过其视线的变化来揣摩他的心理。神经语言程序学对此有如下解释。

① 朝左上看→正在回忆以往见过的风景及经历过的体验。

② 朝右上看→正在构想自己不曾经历的体验。

③ 朝左下看→正在回想音乐、声音等听觉相关的经历。

④ 朝右下看→正在处理类似肉体上经历的苦难等身体上的经历。

比方说你向对方提了一个问题，如果对方说的是真话他应当看向左上方；而如果他有所隐瞒，他就应想象一些自己未曾经历过的事情，因此，此时的视线应该移至右上方。

在竞争激烈的商界，有的人会为了摆脱困境而欺瞒、伪装。为了不被对方的巧言妙语欺骗，你应时刻留意对方视线停留的位置。

图11　通过视线的变化看穿对方的心思

① 朝左上看

正在回忆以往见过的风景及经历过的体验。

② 朝右上看

正在构想自己不曾经历的新体验。

③ 朝左下看

正在回想音乐、声音等听觉相关的经历。

④ 朝右下看

正在处理类似肉体上经历的苦难等身体上的经历。

4

说谎的人会发出特殊信号

诚如陀思妥耶夫斯基所说“人生在世最难的事情莫过于不撒谎度过一生”。人在一生中总会说几句谎话，有时会为了隐藏自己的弱点或是陷害对方而撒谎。

与人谈判及说服他人时，能否识别出谎言不被欺骗，获悉对方的真正意图便显得至关重要。

那么如何识别对方的谎言呢？

其实，说谎的人有几个特征。

基本上，说谎的人都会因担心“要是谎言被戳穿了怎么办”而惴惴不安。而这种不安会转化为符号表现在人的声音与动作上，只要成功解读这些符号便能识破对方的谎言。

◎如果对方突然开始触摸自己的身体，你就要小心

当对方突然加快回答速度时，他就有可能在撒谎。这是因为他害怕谎言被揭穿而想尽快了事。

回避对方视线也是如此。人们常说“眼睛如同嘴巴一样会说话”，因此他们担心自己的表情出卖了内心。不过，研究表明此时女性反而更愿意与对方对视。此外，眨眼频率加快也是紧张的表现，此时有理由怀疑对方或许隐瞒着什么。

说到隐藏，还需留意一些突然将手插袋、藏在身后或是桌下的动作。这都是由于他们不想让他人看到自己因撒谎而紧张的手部动作才不自主地想要隐藏双手。

无缘由地用手触碰嘴巴鼻子周边、双手握紧或相互摩擦也是不安的表现。这些行为被称为自我亲密动作，是一种想要通过接触自己的身体来压制内心不安的行为。

此外，整个身体呈现多动、坐立不安的状态也表示此人隐瞒着什么不可告人的秘密。由于内心克制着想要逃脱现状的真实想法才会不停摆动自己的身体。

图12 撒谎之人的特有表现

◎想想为什么他会撒谎

撒谎的人有着明显的特征，但一味责备无益于加深双方的矛盾。

若出其不意地揭穿“你在撒谎”，只会引起不和。

与人谈判或者说服他人不是为了戳穿对方的谎言，只是希望得到令自己满意的答复。因此，或许想想缘由，思考“为什么他会说谎”将更有助于理解对方的心思。

虽说会有人完全出于恶意而说谎，但也有人出于无奈而说谎。

对于那些无关利害的谎言，我们应成熟对待，佯装不知。这样既能让对方感受到你的善解人意，也可以逐渐拉近彼此间的距离。

5
容易被说服的5个特征

容易被说服的人也具有以下特征。

首先是自尊心过强的人。

正如前文所述，人都有自尊感，会肯定自己，认为自己活的有价值。但自尊心过强却是一种不自信的表现。他们用自尊心这一道围墙来保护自己，其实他们当中多数人的自尊感并未得到满足。

该类型的人内心孤寂，比一般人更渴望被他人温柔相待。

同时，由于他们缺乏独立判断的自信，若是他们接纳的人提出请求，他们一般都不会拒绝。

“既然人家这么看得起我，如此不厌其烦地给我推荐”，想到这些，他们便能轻易被说服。

第二种是太过在意周围目光的人。

“你比较推荐哪一种？”“其他公司的情况如何？”他们迷惘于周遭的动向以至于无法自己判断。加上缺乏自信，他们很容易被周围人的话语左右，因为他们极度惧怕自己的言行与周围的人脱节。

因此，他们会为类似“同行业的B公司已经在用了”等话语而动摇。通过用其所熟知的人物或企业进行比较来说服对方，一般都十分奏效。

消息灵通的人也容易被说服。

由于他们本身好奇心旺盛，因此自然不会放过近在眼前的信息，可以说他们是自己制造了被说服的机会。

本无心购物但在闲逛间听过商品介绍之后就买下的人便属于这种类型。说服他们时，如果能向其提供一些鲜为人知的最新资讯以满足他们的好奇心可大大增加成功的概率。

性格细腻的人同样属于容易被说服的类型。

由于他们来者不拒，不会错过任何信息，因此他们与消息灵通的人一样会自行清除障碍。相反，不拘小节的人不大会为信息所动，此时就要在说服技巧上下一番功夫了。

被称为谋士的人也有容易被说服的一面。

这种类型的人同消息灵通的人一样，具有强烈的好奇心，他们网罗有趣的资讯并以此发散思维进行联想。他们本身乐于思考，能够立刻估测出接受提议后的利与弊。因此，一旦营造出了说服的良好条件，他们就能很快被说服。

说服他人的第一步是提升对方对自己的信任感和好感度。

换句话说，就是增强“对方接受提议的安心感”以及对方对“自己话语内容的兴趣”，可以说这是提升说服力的重点所在。

6
被人喜欢的信号，被人厌恶的信号

除语言沟通外，人们还会运用动作表情等进行非语言(non-verbal)沟通。这其中就存在一些有好感的非语言(non-verbal)符号。

首先是距离。对方与自己之间的距离感能体现出对彼此间的好感度。

若是你突然靠近对方他也并未面露不悦，表示至少你没有被对方所厌恶。每个人都会在内心形成与对方的自在相处的心理距离，这个心理距离由你与对方的亲疏关系决定。这个距离越近就表示你与对方的关系越亲密。

例如，一臂的距离(50~60厘米)是亲密的距离。除非是在一定程度上能够交心的关系，否则无意中闯入这个距离时对方会感到不自在。

也就是说，你也可以通过闯入距离对方一臂的范围内来试探对方的反应，判断其态度。

两人非正式洽谈的场合，如果对方落座时与你保持一定距离，则说明对方或许对你不抱好感。

此外，当你靠近时他突然表现得神情紧张或做出手臂交叉等动作，也同样是厌恶你的暗示。总的来说，如果对方表现出一些自我防卫的行为，很有可能你给对方留下了不太好的印象。

值得一提的是，就座位关系而言，最亲密的位置为邻座。不论是在小酒馆还是吧台，相邻而坐、共同进餐的人之间一般亲密度极高，关系不一般。

反之，隔着桌子相对而坐的距离则是与不合拍的人也能舒心攀谈的距离。通常适用于彼此不太熟悉、初次见面的人。因为一张桌子便能充当缓冲物来缓解彼此的紧张情绪。

◎当对对方有好感时，个人会迅速响应对方的行为

此外，说话时对方是否注视你、主动搭话时对方是否扭过头来，对方表情的发生了怎样的变化，我们也可在这些地方找

寻对方“喜恶”情绪的蛛丝马迹。

一般来说，对同伴有好感时人会迅速地对对方的行为做出反应或是与其保持同样的步调。即便不作应答，也要面露笑容表示友好。同时，态度还可以表现在是否注视对方这一细节上。

相反，如果交谈时对方完全没有反应，则可以认为对方讨厌自己。辨别的关键在于对方是否配合自己的行为。

◎“倾听姿势”反映出感兴趣的程度

姿势是一个不容忽视的非语言因素。

说话时，有时人会整个身体都朝向对方，而有时却只是脸转过去说话，有时甚至连脸也不转。这些不同的姿势如实地反映了对方的态度。

倾听的姿势亦是如此。为了更好地倾听对方的话语人们会将自己的身体定位在一个易于倾听的位置，这叫作听觉定位。人们对于有好感或感兴趣的对象才会采取听觉定位。

与对方面对面而坐的位置正是自己的嘴巴与耳朵便于倾听对方的最佳位置。这就显示出一种愿意倾听对方话语的“倾听姿势”。这一点也经实验验证过。而这也是辨别“喜欢”与“厌恶”的关键。

举一个最容易理解的例子，当你说话时对方在做别的事情。

像这样对话语漠不关心的行为是一种消极的反应。

一旦觉察到“厌恶”的信号，你就不应再鲁莽地接近对方，而应去思考对方不喜欢自己的缘由。

图13　观察倾听姿势解读对方心思

对方是否整个身子转向自己。
倘若对方采取了听觉定位，表明他至少不讨厌你。

7

手部动作揭示对方的紧张与不安

小的时候你可曾迷过路，因孤独、惶恐而哭泣。当父母找到你时，她们会抚摸你的头并安慰道“好啦好啦”。这一个简单动作就能平复小孩的情绪。

前文曾提及的自我亲密动作其实就如同小时候的那句宽慰“好啦好啦”，只不过长大以后就很少有人会得到这样的安慰。于是人们通过触摸自己的身体或头发来寻求心灵的安宁，缓解不安的情绪。

谈话时，如果对方触摸自己的身体或是头发则表明他此时心情紧张。

很可能是话题不恰当，又或许是自己的语气、声调令对方感到不安，又或者是因为自己不经意的某个动作否定了对方。

无论如何，当对方出现自我亲密动作时你就应重新调整自己的举止。

◎经常用手触摸嘴唇的人好撒娇

此外，手部动作也能泄露人的心思，其效果不亚于眼睛。

手部暴露的真意不仅局限于此。

例如，双手在体前握拳是拒绝的信号。握拳是为了抑制内心的不愉快，即使他嘴上什么也没说，但内心却隐含愤怒。

手指按压额头中央是想要拒绝请求时的动作。看起来似乎是在深思熟虑，实际上却是在思考拒绝的理由。此外，想终止对话的心情则能通过用手指或是笔细碎地敲打桌面这一动作来体现。

有些人习惯性用手指触摸自己的嘴唇，这种类型的人绝大多数喜欢撒娇。这与婴儿吮吸手指的动作一样，他们靠手指接触嘴唇来寻求安全感。此外，还包括一些在并不紧张的情况下还不时触摸自己头发和身体的动作。这些动作表明他们依赖性强，心理上还有许多不成熟的地方。如能读懂这些信息，抓住对方的要害，你便能在与人谈判或说服他人时占上风。

8

凭手掌朝向判断有无希望

商务洽谈或与人谈判时最在意的莫过于对方的态度是倾向于“是”还是“否”。即使对方不说，你照样可以通过细心观察来捕捉对方的真实想法。

首先应留意倾听时的姿势。

由固定位置向前倾的趋势证明对方感兴趣。想要靠近自己感兴趣或是喜欢的事物，这是人的特性。不管嘴上如何表态，如心存“尝试一下”的想法身体就会不知不觉地呈现前倾的趋势。

此时，手和身体的动作也在无意识地发出“是”的信号。

比如，展露自己手掌，两手大大张开置于桌上的动作表明对方处于很放松的状态，已经卸除了自己的警戒心理正要积极地倾听你的话语。

整理摆在双方之间的文件等也是一种积极的举动。此时的文件可以看成阻隔双方交流的障碍物。而这一举动正是主动拆除这道阻隔的表现，说明对方对自己抱有兴趣，好感度也有所提升。

手抚下巴也是如此。这同展露自己的手心一样，表明满足的态度。如果对方表现出上述举动，可以认为谈话正朝着好的方向发展。

反过来，触碰同样的部位可能表示不同的态度。同样是下巴与手的动作，如果用双手托下巴则表现出内心的“不满足”“不开心”。这也是托腮动作的一种变形，两者都表示对方对你的话不感兴趣。

双手在脑后交叉，上半身前后晃动的这一动作能明显让人感到动作者的无聊，这个举动不但表示不感兴趣，更表现出轻蔑的态度。此时就不要强行继续会话，还是就此打住或转换话题为好。

依据对方的动作来判断和思考自己应该采取怎样的行动，制造出说服他人的良好环境，这样才能收到成效。

图14　依据对方的姿势可判断有无希望

有希望时的动作与态度

① 由固定位置向前倾

② 展开手掌，两手大大张开置于桌上

③ 整理横在双方之间的文件

④ 手抚下巴

无希望时的动作与态度

① 双手托下巴

② 双手在脑后交叉，上半身前后晃动

9

言行不一泄露真实想法

人是一种矛盾的动物。明明喜欢偏说“讨厌”，明明不愿意做还要假笑道“我很想做”。可见，仅凭话语来揣测对方的心理是一件危险的事情。

人们常常不愿表露自己的心声，想要挖掘出真实想法，就要学着解读身体各部位传达的符号信息。

“我明白了，那就做吧!”嘴上这么说却连看也不看你一眼，只是频繁地拨弄自己的头发。一个人做着这样的动作对你说“我明白了”，你能相信吗？我反正是不会相信的，因为对方的动作在跟我说“不行”。

事到临头以“社长突然又不同意了”为由出尔反尔，或者临到签合同时，对方突然改变条件致使我方利益大幅减少，诸如此类的事情也不少见。要知道如果囫囵吞枣地理解话语浅层意思，背负最大风险的正是你自己而不是对方。

◎商务报酬是对方感到愉悦程度的价值体现

当然，无论观察得多细致也还是可能发生纠纷，但要是能看穿对方未说出来的真实想法至少可以降低麻烦发生的概率。这也正是为什么我们要用一章的篇幅来谈解读对方动作的重要性。

判断一句话是真是假，完全可从他的动作和反应中求证。

这样你便能分辨出“真正的Yes”与“不可轻信的Yes”之间的不同。更能敏锐地觉察出“实际上我希望你能这样做”“这样的条件我们还可以接受”等话语中隐含的真实想法。

可以说商务报酬是对方感到愉悦程度的价值体现。

能敏锐察觉对方未说出口的事实，也意味着你能敏锐地取悦对方。

这不但有助于商务技能的提高，也可以提升私人交往中的人际沟通能力。

10

“可是”在成人的世界里行不通

无意说出的口头禅能够暴露人的各种秘密。

喜欢收尾的人总要对事情做总结，不管是在会议还是其他集体活动中，只要有一个这样的人在最后说上诸如“简单地说，就是这么一回事吧”，归纳大家的意见，便能极大地推动事情顺利发展。

而且由于是他们自发的行为，说明他们对自己的能力很有自信。

但有的人没能掌握好度，在总结之外还要试图掌握主导权，让事情按照自己的预期发展。

因此，这种人不愿被人说服而是更习惯于自己判断、做决定。说服这一类人，要格外注意，切不可伤害他们的自尊。

自我表现欲强的人的口头禅就是“我只告诉你”。

原本“我只告诉你”是一句只有在共享秘密时才说的话。若真的只是你知我知的秘密没问题，但这种类型的人对很多人都说“这是你我之间的秘密”，那么也就算不上什么秘密了。

他们只是想用“我只告诉你”来增加话语的神秘感以获取他人的关注。归根结底，都是自我表现欲在作祟。越是说“别说出去”的人越是大嘴巴，所以机密信息切不可让他们知道。

◎以“可是”为口头禅的人心智不成熟

以“可是”为口头禅的人无法立足于成人的世界。

“可是”是一种明确的否定。原本可以先姑且接纳对方意见后再陈述自己的意见，这种人偏偏选择正面否定对方提出自己的主张。如此一来，原本稍加留意就能避免的问题，他们偏要鲁莽地一刀两断，因此从某种意义上来说，这种人极不成熟。

此外，常常否定他人的话语使得这类人交际圈变窄，这时友善相待便能赢得他们的支持。

11

决不可轻信的“我考虑一下”“我明白了”

“我们一定会尽快妥善处理。”

这是一句在国会答辩中经常听到的官话，看起来似乎回答了问题，其实没有任何实质性内容。某种意义上来说，终究只是一句敷衍话。

同样，生活中我们经常使用“我考虑一下”以及“我明白了”也只是场面话罢了。

例如，同上司议事时，他们有时会草草地对你说“我明白了，我会考虑”。要是他们在说话之前并未仔细向你询问，则表明他并不会认真考虑。

如果是真的感兴趣，他应当会追问问题点以及预算等各方面的问题。

如果脸面向对方，态度也会大不相同。如果没有这些反应就说明他不感兴趣或是对此持否定的态度。这时基本无希望可言，你应当改变策略了。

◎嘴上说“我明白了”其实并不明白

千万不可轻信“我明白了”这句话。

一段复杂的说明之后，若问听众：“有问题吗？内容明白了吗？”有人会立刻回答道：“没有什么问题”“明白了”。

我教的学生中，也有人像这样立刻就会回答：“我明白了。”然而当我追问一句“既然明白了，你都明白了些什么呢？”他们就会慌张地翻笔记，不知所措。到头来，还是只能说“不好意思，我不明白”。也就是说，他们其实并未真正弄明白。

我个人将这类话语称为“躲闪语”，目的是为了躲闪对方，削弱其气势、使话题中断，而这也是应付场面的话语。

即使嘴上说“我明白了”，不代表对方心里诚服，因此要时刻关注对方的行为。

12

通过闲谈深挖对方心思

在放心的对象面前，人们会卸下防备。此时，即使嘴上什么也不说，外表也很容易泄露他们的心声。也就是说，你与对方之间的“心理之墙”越低越容易看穿对方心思。

为此，你可以借助闲谈。因为有些人在工作的事情上，习惯性地掩饰自己的内心，但稍微放松闲谈一阵，其心思便无防备地流露出来。此时，你还能了解对方为人及其思维模式，更能抓住要害。

如果你已成功获得对方的好感，下一步要做的就是与对方建立起可以闲谈的朋友关系，在逐步了解对方的过程中轻易抓住对方的要害。这样一来，也能进一步发掘从对方外表感受到的真实想法。

◎搜集话题时“重量而非重质”

不过很多人不擅长与人闲谈，那些不善于处理人际关系的人更是如此。与平时不大说话的人同乘电车时会因为无话可聊而苦恼，相信许多人都有过这样的体会。

我想与其说是他们不善言辞，倒不如说是因为他们积累的话题太少。

闲聊高手自是巧言善辩，但更重要的是他们话题丰富。他们会灵活地根据对象来变换交谈的话题。因此大家才会觉得此人有趣而对其产生好感。

想要成为闲聊高手首先要做的就是搜集话题。

但也无须对话题有多深的了解。浏览浏览新闻标题，瞟瞟电车内粘贴的广告，只要对近期发生的事情稍加了解，聊天时便不怕无话可聊。

话题重视的是数量而不是质量，提到谈话高手大多数人都极端地认为“必须语惊四座才行”。其实，我们都不是相声演员，不要对自己提过高的要求。

◎每天搜集话题5分钟，提升自身好感度

究根结底，闲聊的目的就是在你与对方之间搭一座桥，拉近彼此的心理距离。

要是本身是你感兴趣的话题，自然能积累大量信息，而对于不感兴趣的话题则不会去主动接触。我们要尽量避免这种话题的失衡。

首先要做的是尽量搜集多方面话题储备到自己的大脑中。

话题相当于钓鱼时的鱼饵，即便自己觉得有趣，只要不能吸引对方就应毫不犹豫地转换话题。说得难听点，重点不在于钓鱼人的偏好，而在于如何能钓到鱼。

前文也已提到，人与人之间的相同点越多越能相互吸引。

为了更加深入地了解对方并与其建立深厚的情谊，哪怕5分钟也好，不妨试着每天抽出一点时间来搜集话题。

第二篇小结

对方的身上之物表现出其“心理”。

不再注视便意味着谈话结束。

撒谎时不安的心情表现在声音与动作上。

距离越近表示关系越亲密。

说话时触碰身体、挠头表明对方心情紧张。

由固定位置向前倾的趋势证明对方感兴趣。

通过闲谈挖掘对方的心思。

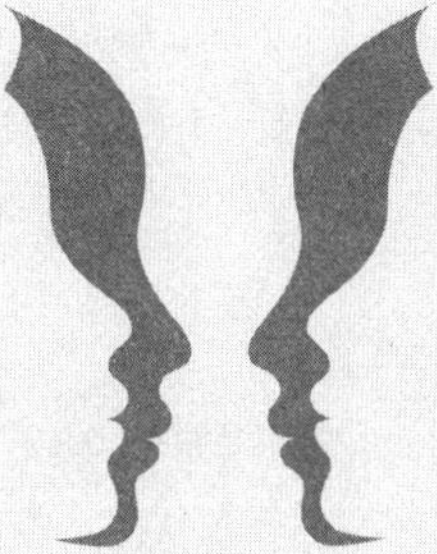

第三篇

“启动情绪开关”打动人心

1

促使对方主动行动的四原则

简单来说，打动人心就是设法影响他人。

我们可以令自己的身体动起来，却无法让他人的身体动起来。也就是说给对方施加一定影响才能令其自己行动起来。卡耐基曾说过，让他人做事的大原则不是令他人行动，而是激发他的热情，让他自己想要去做。

仅是施加影响还不一定能得到自己所期望的结果，有时方法不当也无法打动他人。

社会心理学家今井芳昭先生将对方受到影响后做出的反应归纳为“拒绝”“反感抵触”“无视”“保留意见”“表面应

允”“接受应允”“积极地应允”这七类。最终得到“接受地应允”以上的友善反应才可认为打动了他人。

在此，重点在于以下四点原则：

① 回报高于付出的代价时人会为之所动

② 发挥社会权力的功效

③ 考虑接受方的心理状态

④ 采取恰当的影响手段及行动策略

请求和谈判时能注意到以上四点将有助于事情的顺利发展。接下来将逐项为大家做简单介绍。

◎首先应把握对方的利害所在

影响人行动的因素简单地说就是回报与代价。回报（reward）也就是报酬，指的是金钱、物品、鼓励、褒奖等对自己来说有价值的事物，而代价（cost）则是指为获得回报而付出的劳力及费用等。

人会为以最小负担获得最大利益的事物打动。此外，不行动意味着增加自身负担时也是相同的道理。

也就是说按“因响应对方所得到的回报——因响应对方所造成的代价”计算得出的回报越大，人越容易被打动。

解决问题的第一步是对问题程度进行鉴定，而评估回报与付出也有助于了解完成的难易程度。

◎借助社会权力扫清对方的壁垒

那么，对方所拥有的社会权力也会对基于回报及代价评估而得到的价值造成影响。简单地说，也就是该人本身具有的社会影响力。当然其中包括正面的社会权力也包括负面的社会权力，此处，我们要发挥正面影响力的功效。

社会权力可以大致分为“奖赏性权力”“强制性权力”“法定性权力”“专家性权力”和“参照性权力”五大类，对此后文还将做具体介绍。总之，拥有的社会权力越多就越容易打动他人。

◎确认对方当前的心理，辨别其是否处于容易被说动的状态

打动人心的第三个原则是考虑接受方的心理环境。

对方心情的好坏将直接影响其接受事物的态度。我们需要做的是摸清对方的心理状态，判断对方的情绪开关处于积极状态还是消极状态并采取不同方法应对。基本说来，积极的情绪为佳，但有时消极情绪反倒更好。

图15　打动人心的四原则

① 使回报高于代价

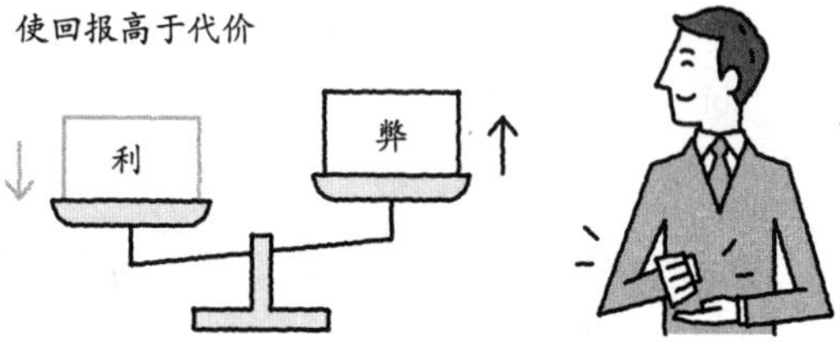

② 借助社会权力

③ 考虑对方的心理环境

④ 采取恰当的影响手段及行动战略

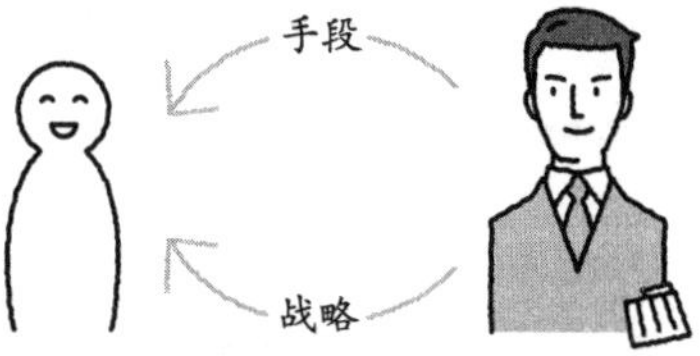

◎设法令“对方自己行动起来”

最后，重要的是选择恰当的影响手段，也就是采取恰当的方式影响对方。

一般来说人都想自己控制的事情，我们希望能在自己的选择与判断下做事，而不是被别人牵着鼻子走。

为反抗他人的控制而采取拒绝以及反驳乃至无视等的行为称为心理逆反（psychological reactance）。在施加影响，鼓动对方时应避免这种心理逆反现象的出现。

同时，在刚才提到的四点基础之上，提升自我好感度以及学会解读对方心思能更好地推动事情朝着积极的方向发展。

2

为对方制造利益，诱使其行动

一位资深外交官曾说过，外交谈判时，与其在国家利益上起争执不如优先为对方的利益考虑。

外交官为本国利益说话无可厚非，但一味只为自身利益、部门利益或是国家利益而行动后果将不堪设想。从某种意义上说外交形同战争，要是草率地发起战争国民一定承受不起。

那么，应该怎么做呢？

首先，要知道在两国利益发生冲突时，很难达成一份单方面满足己方利益的协定。在此，应该首先试着为对方的利益考虑。比如，如果一方面我们无论如何也要坚守自己的渔业权；

而另一方面对于对方国家来说这也是关乎存亡的大问题。此时就不能简单地劝诫对方“不要再捕了”，这样不可能解决问题。

个别国力悬殊的情况下，有的国家也会采取制裁措施相威胁。但如此一来将为本国贴上个“强权国家”的标签。

自然，倘若不是为了正义，采取这样的措施不但不见成效还会影响自身名声。

◎从“对方利益的角度”找寻进攻点

根据以上分析可以规定各自的捕鱼时期，达成双方共同在此捕鱼的共识，又或者在渔业权上做出一定让步而争取在其他方面权益。

当然实际外交交涉中还会出现各种各样的问题，但不论与谁共事，找到“对方利益”与“自身利益”相交的中间点都很重要。

一味执着于自身的利益将看不到对方的利益。

此时应暂且将自身的利益置于脑后，试想“应该怎么为对方谋求利益来打动他，相反什么又会加重对方的负担”，找准突破口。

◎减除对方的代价，令其失去“拒绝的理由”

另一方面，从“代价”出发来进行谈判也是行之有效的方法。

当不得不承担的代价大于自身行动所获得的利益时，人会对此行为产生厌恶之情。

“我可以做些什么来减轻对方的负担？”

如此考虑能加大话语的说服力。换句话说，就是考虑到对方的代价可令其失去拒绝的理由。

全凭大脑想象难以把握回报与代价的尺度。此时，如果尝试将回报与代价一一列出，就能更好地把握问题的难度。尤其在代价方面，比起在脑子里思索对策，罗列出来能更有助于对其进行整理，找到更好的方法。

此外如果能作为记录留存下来，今后发生类似事情时还能以此为参考。这样不仅能更顺利地打动对方，还能有助于解决对方的问题。

3

运用“影响力这一武器”引导对方行为

上司和同事同时向你提出请求时，你会优先帮助谁呢？

每个人凭借自身能力与经验都拥有一定的社会影响力，这在心理学上被称为社会权力。

这种社会权力越大造成的影响也就越大。反过来，如果想要说服的对方社会权力较大，你的影响力将会削弱。运用影响力的对象不同，社会权力也会呈现出一定的差距。

这种社会权力包括哪些呢？弗伦奇（French）和雷文（Raven）将这种权力分为“奖赏性权力”“强制性权力”“法定性权力”“专家性权力”“参照性权力”五大类。此部分内容前文也有所提及，在此将逐一说明。

首先，第一类“奖赏性权力”指的是对受影响者期望得到奖励的一种控制权。

当对方渴望得到该奖励且其他人无法给予时，这种权力发挥的作用更大。比如，假设A是某摇滚乐队的铁杆粉丝，而你拥有该乐队演唱会门票时，你拥有的奖赏性权力就会对A产生很大的作用。

第二类的“强制性权力”与奖赏性权力正好相反，是一种控制惩罚的权力。暴力威逼对方时行使的正是强制性权力，此时人们是在利用恐怖与痛苦来逼迫对方就范。

第三类的“法定性权力”指的是用受影响者认可的文化、社会规范发挥作用的一种权力。

人人都必须遵纪守法。在此前提下，只要对对方说“这是法律规定，希望你能遵守”就能说服对方，此时发挥作用的正是法定性权力。上司的命令除了具有法定性权力外，奖赏性权力与强制性权力也同时发挥着作用。

第四类的“专家性权力”是指基于专业权威而产生的权力。在专家的意见和普通人的意见同时存在的情况下，大部分时候人们会选择听取专家的意见。这是一种相信权威，认为“专家说的就应该正确”的心理。

最后一类“参照性权力”也就是个人魅力。受自己喜爱的艺人或是作家的话语影响而萌生尝试的想法就是参照性权力在发挥作用。也就是说在决定自己的行动及态度时人们会参照他人的行动及态度。

◎通过提升好感度来提升“影响力”

既然这五种权力能影响打动人心的效果，那么怎样才能强化这些权力呢?

例如，出人头地，积攒财富也不失为好的办法，但这些权力毕竟不是一朝一夕就能得以提高，最好从力所能及的事情做起一点点积累。

比如，提升好感度能够相应地增强奖赏性权力。

在工作方面，对专业领域知识的钻研也能帮助提升你的说服力。哪怕事情再小只要去实践，只有这样才能提高自我肯定感，说服对方时也会倍感自信。

积攒的努力一定会转化为影响力最终回报给自己。

4

人是一台“情绪开关”常开的计算机

如果你一边聊天一边开车，前方突然有一辆车向你冲来，眼看就要撞上时，我们大概会不假思索地去踩刹车或是调整方向盘。这种“要撞上了!”的恐怖情绪促使我们来不及考虑就直接采取行动。

也就是说情绪是一种应对眼前危险的机制，也是一种解决问题的机制。

心理学家保罗·艾克曼（Paul Ekman）在人的情绪研究方面享有盛名，他在其著书《心理学家的面相术：解读情绪的密码》（*Emotions revealed: understanding faces and feelings*）中以事实为依托将情感机制比作开关来阐述。

艾克曼认为“任何情绪在产生的瞬间就已经做好了大范围传播的准备”，情绪信号机制的特点就在于任何时候都处于“开关打开”的状态。

人就是一台“情绪开关常开”的机器，也就是说人无法克制情绪的产生。

人们往往试图运用理性来说服对方。

但殊不知在对方的内心，情绪比理性先起作用。有的人虽对内容感兴趣，却因“人不太合意”而迟迟做不了决定，这也是因为他在看待事物时带着个人情绪。

因此，我们不仅要在道理上说服对方，还应在心理上说服对方。

能否在情绪上说服对方决定你能否打动对方。

此时，重要的是弄清对方的情绪开关所处的状态。此刻，对方的情绪是焦躁还是喜悦。情绪不同，同一句话留给对方的印象也会截然不同。

而大部分的人并没有考虑到这一点，只是徒劳地想要促进事物的发展，因此才无法如愿以偿。

情绪是对刺激的反应，如果对方的情绪开关处于难以接纳他人话语的状态，首先需要采取行动转换对方的情绪。此时，应该给对方施加刺激以使其情绪好转。

图16　打动人心重在情绪而非道理

在对方的内心，情绪比理性先起作用。
能否在情绪上说服对方决定你能否打动人心。

◎取悦对方打动人心

那么怎样启动情绪开关呢?

归根结底，在与人接触时能否为他人考虑将产生很大影响。

例如，如果对方在交谈中能为另一方的想法与立场考虑，我们便能感受到他的体贴。

有些人不论在谁面前都习惯性地横向书写（一种日语书写方法），他们认为大家都会觉得横向书写比较易懂。其实不然，说不定大部分人还会因此不悦。虽说只是一个小细节，但正是这一小细节能令对方感受到你对他的重视程度。

要注意到这一点，重要的是你要对对方抱有好感。这种“好感”的情绪也能刺激对方的情绪，而且会在你自己的行为上体现出来。

与其一心想着如何打动对方，倒不如试图做些令对方开心的事情。这就能使对方的情感开关转向积极的状态。

5

三分钟足以打动一个人

说服他人或谈判总让人感觉要花上很长时间。外交谈判等场合确实花费时间。但就普通情况而言，我认为三分钟足以打动一个人。

三分钟看似很短，其实也是一段很长的时间。

三分钟时间，就算娓娓道来，也可说上1200个字，相当于报纸杂志上一个小栏目的文字量。因此，只要你愿意，三分钟还是可以传达很多信息。

可以利用刚开始的一分钟提升自身好感度并使对方对谈话抱有兴趣，也就是营造一个令对方愿意倾听的环境。说服他人时，赢得好感很重要，你可以试着采用第一篇中提到的方法抓住对方的心。

接下来的一分钟时间可向对方概括地说明想谈论的事情，也就是大致道出事情的原委。最后的一分钟才是正式说服对方的时间。如此，正如三级跳一样分三个阶段来打动人心。

◎“简洁明了的说话习惯”为工作赢得机会

社长等具有决策权的人本身工作很繁忙，抽出时间实属不易。如果说占用他们一个小时也许困难，但让他们抽出三分钟的可能性就高得多。在说服他人时如果有意识地控制时间，你将会获得更多的机会。

同时，要想在三分钟这么短的时间内表达出心中所想就要考虑到“如何说才能让对方容易接受”。这也可增强话语的说服力。

当然，想要在三分钟之内说服对方还需事前做一些准备。有时候结果也会不太理想，但只要时间很短，还是有机会请对方再次为自己抽出时间。因为对方会认为“那个人说话简洁明了，听听也无妨”，因此才能无形中为自己制造机会。并且，受到曝光效应影响，接触多了彼此间的关系也得以加深。但这不意味着说话时过分着急，只是应尽量学会归纳，使话语更为简洁。

6 成功的七大策略

有求于人时我们会做各种努力。能够成功打动人心的人不仅能很好地控制前文所说的三点，还懂得运用恰当的策略来说服对方。

那么，具体来说应该采取什么样的方法才能打动对方呢？

社会心理学家基普尼斯（Kipnis）等人以各种不同组织的管理人员为对象，分析他们所采用的方法。具体来说就是让他们回想自己成功说服上司、下属或同事时所采用的策略，并以此为基础研究出行之有效的策略。

最后，他们提出以下七大要诀。

① 合理性

② 明确性

③ 制裁性

④ 与上司的通意性

⑤ 孤立性

⑥ 利益交换性

⑦ 迎合性

在这七大要诀之中，对上司最为奏效的是建立于合理性之上的行为。因为你可以向其解释为什么这个行为有必要，也就是它的依据所在，并制订出实施时的详细计划，从而来促使对方做出判断。

相反，当对象是自己的下属时，明确地指示任务，设定截止日期的明确性、“不按规定做事就会影响加薪”的制裁性以及明示“此为部长的命令”的与上司的通意性起到了作用。

◎掌握多种鼓动对方的工具

最后，对同事比较奏效的有诸如“如果你不接受的话，今后我们就无法共事”的孤立性、对方同意后在其他事情上给其方便或代他工作的利益交换性以及态度谦卑地取悦对方的迎合性。

当然，各地的氛围习惯也不尽相同，例如美国人会执着于追求工作的合理性，日本人则在工作中掺杂着人情。

从“回报与代价”“社会权力”“情绪开关”这三个方面观察对方，综合运用①～⑦策略将会收到更好的效果。

打动人心需牢记：除了收集对方的相关信息之外，还需运用多种工具来鼓动对方。

图17　成功的七大策略

行为		适用对象
① 合理性	→	上司
② 明确性	→	下属
③ 制裁性	→	下属
④ 与上司的通意性	→	下属
⑤ 孤立性	→	同事
⑥ 利益交换性	→	同事
⑦ 迎合性	→	同事

7

与谈判对象共同分享

毋庸置疑，谈判与说服他人的目的就是为了得到自己想要的答案或利益。

想要谈妥一桩生意、渴望得到长辈们对结婚的应允、梦想被公司录用，人们每天都为自身涉及的利益而活。那么一个人要怎么做才能获取更大的利益？

简单来说，在与他人交往时，秉承“幸福应与对方分享”的想法。

不可贪婪地想着赢取一切，而应与对方分享胜利。这也是人们常说的“双赢”的关系，只有考虑到双方的幸福才能收获更大的成果。

例如生活在冰河时期的人靠集体捕猎长毛象为生。

就算有人想独占，恐怕当时靠一人之力也难以制服比自己庞大得多的猎物。就“生存”而言，在当时恐怕没有比同心合力效率更高的方法了。

◎每一次分享都能加深彼此的关系

说到谈判有些人可能想着“必须赢取一切”，但这种想法只会令你的机会越来越少。相比而言，在与对方的交谈中找到双方利益的交集，共同分享幸福更能促使事情顺利进展。

“我决心不再与顾客对战，而是与他们成为亲密的朋友。我要时刻想着能为朋友们做些什么并付诸行动，为此我不惜自掏腰包、自费时间。朋友不是远在彼岸，而是近在身旁，因此，对于他们不应有任何欺瞒与背叛”。

人气家具杂货店Francfranc的经营者高岛郁夫先生在其著书中说过上面的一段话。可以说这段话不仅适用于经营生意，也适用于处理一切人际关系问题。

如果一开始就抱着与对方分享的意识，你将更加容易关注对方的利益，也能在眼前纷杂的信息中找到“与对方分享幸福”的文件夹，更快地找到答案。

这就是心理学上所讲的选择性注意带来的效应，使你能轻易地分辨出必要的信息与无关紧要的信息。

这就如同即使我们在嘈杂的酒吧谈话，也能听辨出对方的声音并把握重要内容。这是选择性注意之一的鸡尾酒会现象，在只关注重要信息的意义上两者十分类似。

人们通过整理内心的文件夹从眼前的现实中获取必要的智慧。

基于共享幸福的谈判更能使双方都获益并能顺势达成再次合作。这当然对双方来说都极其有利。

人际关系维系的时间越长，彼此间的信任度就越高，因此能够获得的幸福也会随之增多。

高岛先生说，“正因为是朋友才清楚怎样才能令对方开心、怎样才能赢得对方的信任。长时间相处让彼此理解对方的生活态度、兴趣以及嗜好。我希望能够永远维持这样的关系。这么想着，自己也会变得更加轻松、愉快了。”

不要企图从对方身上得到或索取什么，首先应该学会主动与对方分享，这也终将帮助你打动他人。

图18　与谈判对象共同分享

生意不是件单方面获利的事情。
与对方接洽时想着与其共同分享幸福，洽谈将会顺利进展。

8

不必驳倒对方，应让对方说话

电视的讨论节目上经常能够看到嘉宾们彼此推翻、驳倒对方的意见再滔滔不绝地陈述自己意见的场面。这在电视节目上可能会显得很有冲击效果，但就打动人心来说，这些行为只能作为反面教材。

说服他人、与他人谈判时并不需要驳倒对方，这一点很容易被误解。

对方听取了自己的意见，并表现在实际行动上才可说“打动了他人”。而驳倒他人就好比强行抢走对方身上的衣服，他人不可能心服口服。

不论如何，与对方谈判、说服对方时还需要时刻抱有 “自己的想法可能不对”“对方的话也有一定的道理”的想法。

比如，工作时我们有时会接到投诉电话。

对方通常会很激动，劈头盖脸地来一句“怎么回事”，很少有人会愿意耐心地听我们解释。

尽管很多时候投诉本身只是场误会，但当对方气得热血当头时，无论我们说什么，他都会认为“你这是在找借口吗”“难道是我的错吗”。

而如果一开始就抱着良好的态度去倾听，说不定说着说着他的怒气就能消失殆尽，甚至还会向你道谢:“今后也期待着你们的服务，谢谢你听我唠叨这么多。”

这就是第一篇中提过的净化与洞察的作用。

通过向对方倾诉，心中的怒气与混乱能得以平息，头脑也因得到净化而变得清晰。

◎有时光让对方倾诉就能达成协议

“只要对方还有想说的话，我们说什么都没用”。

这是卡耐基《人性的弱点》一书中的观点。重要的是先倾听对方的想法。

要是小请求倒也无妨，一旦遇上难以说服的对象或是纠纷谈判时，倾听便显得尤为重要。

如果对方对谈话的内容持有不安或不满，你应先问他“能再听听您的想法吗”来引出对方的话。接着你便有机会获得对方的首肯。

◎否定对方将平添谈判的难度

人们都渴望“对方接纳自己的意见”，而倾听者恰当的姿态可以满足这种心理因此能推动事物向前发展。

相反，用诸如“没这回事”等话语直接打断对方，甚至驳倒对方的意见只会加剧对方的不满。

当这种不安达到极限时，人会开始试图恢复稳定的情绪。这在心理学上被称为防御机制。这其中有一种被称为合理化的现象，指的是人们靠责怪他人来谋求自我平复，当出现这种现象时，与对方建立起信赖关系会变得更难。

俗话说“吃小亏占大便宜”，关键不是在争辩中获胜，而是与对方达成一致。在与对方交谈时需要重视这一点。

9

一句话改变说服力

平时你以什么样的口气与周围的人说话？你的说话方式是否启动了对方的情绪开关？

仅仅改变一下说话方式，你的话语既有可能说进对方的心坎，也可能令对方好不容易敞开的心扉又对你合上。这一点需要特别留意。

口头请求又称单纯请求。心理学家冈本信一郎提出请求的方式分为以下十类。

① 命令型（把报告拿给我！）

② 宾语型（报告！）

③ 责难对方不履行型（报告怎么还没拿来！）

④ 请求型（请把报告拿来。）

⑤ 意向询问型（能把报告拿过来一下吗？）

⑥ 愿望型（我希望你能帮忙把报告拿来。）

⑦ 提案型（有报告吗？）

⑧ 说话人动作型（我去拿报告。）

⑨ 说话人情况型（这个报告，我用下。）

⑩ 受话人情况型（这个报告，你不用了吧。）

当对方没能正面倾听你的请求时，你最好反省一下自己的说话方式。

◎根据与对方的关系选择措辞

研究表明，在下列情况中，比起直接表达（④请求型等），稍加铺垫的措辞（⑤意向询问型）更常见。

这些情况包括：（1）请求的对象与你的关系并不那么亲密；（2）如果对方接受这项工作他将要花费很多时间和精力，代价增大。

应当根据对方所承担的代价以及心理预期相应地改变自己的措辞。

◎能激发对方干劲和令对方丧失干劲的话

松下幸之助在其著书上提到“在尊重的基础之上加以指引”这一理念。

在公司，拜托下属办事时如果不假思索地用①~③的方式说话下属一定会全无热情。这时不妨试着先询问他“我想这么做，你怎么看？”“能帮我这个忙吗？”

人在按自己的意愿做事时最愉悦，更何况参考他人的意见或许还能得到更好的结果。

在此，松下幸之助告诉我们即便是在不得不提醒他人的时候，也要留意自己的说话方式，尽量不给对方泼冷水。

他说道：“拜托他人，请他人帮忙时，绝不可使他们丧失干劲，为此应在尊重对方自主性的前提下进行引导。这一点很难做到但却异常重要。”

不使对方丧失热情，也不向积极进取的人泼冷水。只有这样的说话方式才能启动对方的情绪开关。

图19 经营之神的沟通术

人在按照自己的意愿做事时最愉悦。

10

借用“他人的评价”令对方说Yes

到目前为止一切顺利，眼看离胜利就差一步但对方迟迟做不了决定。

商务洽谈中有时也会出现这样的情况。这时说服方也可能会陷入焦急难耐的状态，因而很可能在情急之下变得咄咄逼人，态度强硬。

此时应该利用“他人的评价”，开启对方心中积极情绪的开关。

谁都会在意他人的评价。

对于一些自己很难判断的事情，人们都倾向于参考他人的意见后找寻解答。换句话说，他人的评价能左右一个人的行动。这就是心理学上所说的社会比较过程理论。

例如，当对方犹豫时，首先要做的是肯定对方的犹豫，对对方的立场表示理解，使对方感到轻松。

接着，可以试着这么说：“你不要说出去，其实A社的B也曾经很犹豫，但最终还是做了决定。看到他如此谨慎地考虑，我也非常欣慰。”

“你的判断没错”可以通过他人的评价向对方传达这样的信息。这样，对方也会因为“别人也这么说的话应该没有问题”而主动说出YES。

最终对方还是按照自己的意愿做出的判断，其实不需要我们做多大努力。因此，洽谈自然能让对方容易接受，而且还能有助于建立下次的合作。

◎“他人的目光”决定行动

美军部队曾经进行过一项测试，该实验的目的在于测试士兵们能够忍耐多强的电击。接受测试的是一群完成了基础训练的士兵。

测试结果显示，在单独接受电击、与同伴一块接受电击的两种情况下，后一种情况中士兵们能忍受更强的电击。

士兵们在基础训练教育中，被灌输的思想是勇气就是他们的尊严。参与测试的士兵们都有一个共同的价值观，那就是“越是困难的时候，越是要坚持”。在这种社会比较心理起作用，他们为了不在同伴面前丢脸而竭尽全力，忍耐力自然也有所增强。

从这个测试中我们可以看到社会比较过程理论发挥的作用。

◎“相似的第三者”的评价能打动对方

要想巧妙地利用他人的评价，我们需要事先调查清楚与谁进行比较才能令对方产生社会比较心理。

对方不喜欢的人或是对方认为弱于自己的人都不足以打动他。

此外，与对方望尘莫及的人进行比较也只会让对方觉得“因为只有他才能做到”，结果反而背道而驰。

选择比较对象时选择与对方能力相当，对方熟知的人会更有效。

也就是说想要巧妙地利用他人的评价，首先要对对方有一定的了解。

11
借用“场所的威力”打动人心

场所能影响人的行为。

比如，棒球或足球比赛中有诸如“主场赛”“客场赛”等说法。

一般而言，人在主场作战时胜率相对较高，而到对方的主场比赛时却似乎发挥不出实力。心理学将这一现象称为领地效应。

人在自己熟悉并习惯了的场所上能毫不紧张地表现自如。

说服对方的时候也可借此避免心理上的劣势，如果能将对方请至自己的领地更能掌握主导权。

◎话语主导权因领地改变而变化

美国有一组实验数据能够证实这一点。

实验地点为某学生宿舍。

一名学生前往住在该宿舍中学生（领地的主人）的房间，并与其交谈一段时间。实验通过观察二人的对话，发现了下列特征。

首先，当二人意见相符时，拜访者的话语多过主人。然而，当意见不一致时则是主人的发言较多。

对话中也出现过二人同时说话的情况。倘若二人意见一致，大部分情况下主人都会谦让客人，请他先说。

但当意见对立时，多数情况下主人会试图打断拜访者，要求表达自己的观点。

从实验结果可以看出话语主动权在很大程度上受到领地的影响。上司在安排工作时将对方叫到自己的座位也是为了在保持威严的同时避免被拒绝。

◎“喜欢的物件”可成为令人安心的护身符

与他人在咖啡店等地碰头时，有些人总会将地点定在同一个地方。

“离车站近”。

“方便碰头”。

除了上述理由外，可以说还包含主场优势的因素在其中。

虽说如此，有时我们并不能完全按照自己的意愿来定地点。此时，不妨带上一个可以充当护身符的小物件。

喜欢的闹钟、钢笔等都可以。总之可以带上一些在商务洽谈时可以看得见或摸得着的东西。其实这就是用喜爱的物件将周围环境营造成自己的模拟领地。

如果心情紧张，被对方反驳时人们很可能就此丧失坚持的勇气。因此，人们希望利用地利与周围的事物来有效缓解紧张的心情，营造一个可以充分发挥自己的能力的环境。

12

情绪因座席位置而改变

还有一个场所的力量不可忽视，那就是座席。说服对方的方法也需因座席的不同而适当调整。

以下页所示的四方桌为例。

从易于交谈的角度看，最适于交谈的位置是隔着桌子斜对面的位置。如果说对方坐在A位置，座位B或F便是适合交谈的座位。总的来说，这个位置适合与对方议事，对方会比较容易倾听。但请求被拒的概率却很大，这是因为不是面对面而坐，所以也比较容易拒绝对方。

另一方面，A与E、B与F的位置关系则适用于表达不满。这便是心理学上的斯坦佐（steinzor）效应，如果在以前的会议上争论过的人再聚首一起开会，他们大多会这么坐。因为正对面的位置是表达对立意见的位置，也是与对方谈判的位置。

图20 通过双方的座席位置看人际关系

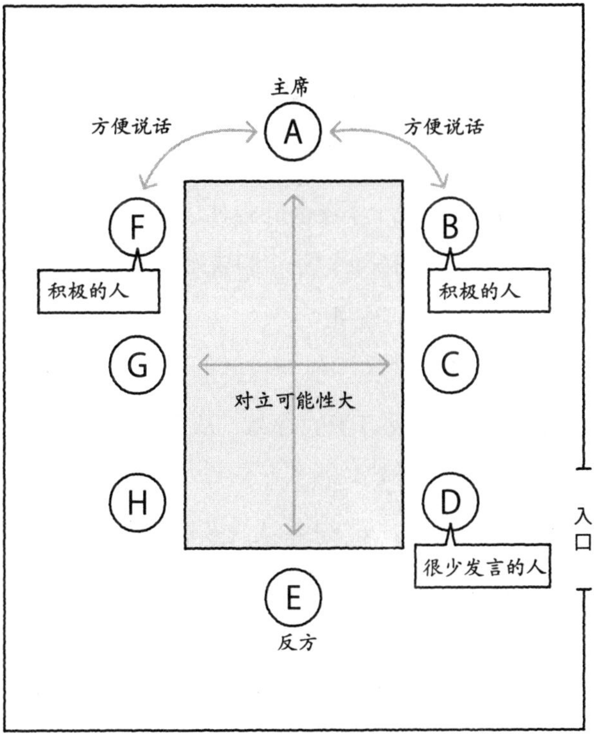

座席位置在很大程度上影响到人的行为。
也能反映出此人的性格。

倘若有求于对方，应置身对方斜对面的位置以消除其警戒心理。接着当对话陷入困境时再从正面继续说服对方，这就是打动他人的诀窍所在。

◎向上司报告坏消息时从斜对面靠近

不得不向上司报告坏消息时也是如此。你惊慌失措地汇报只会让上司更加混乱，甚至还会火上浇油，平添其怒火。这时可先深呼一口气，留心不要触碰对方的情绪开关。

同时，还应选择一个不容易刺激对方的位置，即从斜对面靠近对方，向其汇报情况。对于汇报者本人来说，这个位置的压力也不及正面，更易于汇报。

由此看出，座席位置在很大程度上影响到人的行为。再加上座位的选择也是无意识的行为，从中还能反映出此人的性格。

比如开会时，坐在D座位上的人大多相对而言不爱发言。因为他距离会议组织者A较远，并且还靠近出口，座席就能反映其态度。相反，坐在B或F位置的人一般在会上表现积极，而且他们大多同意或支持A的立场。

距离出口较远的G座位可作为上座。坐在该座位的领导大多相对而言重视沟通。在会议过程中，他们习惯于根据参会人员的反应来推动会议的开展。与之相对，坐在A座位的领导属于实务派。

◎通过座席的位置解读对方心理

主动坐在与会议组织者相对的C或E位置上的人颇有些扮演反方角色的意思。他们的立场一般不随大流，有任何意见都会毫不保留地提出。

由于会议上各人的座位在某种程度上来说也是安排好的，因此不能断言“坐在这个位置上的人对应着何种心理”。但在如果还有其他座位可选择时偏偏选择了某个座位就有蹊跷了。

又如总是坐在E座位的人突然转到B座位，恐怕他们的心理也发生了一些变化。如果能够敏感地觉察出这些变化，说服他人的能力定会越来越高。

13

从小事开始，试图让对方说Yes

人们常说做好工作的诀窍在于“将工作划分为力所能及的小单位”。

其中的道理就在于尽管目标很远大，但达到一个小目标时的成就感会激励人们向下一步迈进并最终实现自己的目标。

说服他人也是如此。

当认定付出的代价不值得时，任凭你如何鼓动对方也无法被打动。

相反，若将负担降到对方可承受的范围，心中的壁垒降低后对方就有可能被打动。

打动人心的重点不在于用北风刮散人们身上的衣服，而在于营造一个令大家愿意脱去衣服的环境。

“登门槛法（foot in the door）”正是利用了这种心理。

不论如何，首先让一只脚踏入门内。事情再小也无妨，总之先试图令对方说OK。接着再提出原本的请求。这样就能达到目的。

假如我们需要复印大量的文件。

这个时候，切不可一次性拜托对方，而应先说“不好意思，你能帮我复印一份吗”。

对方帮忙复印后就可以再提出原本的请求。

“谢谢，你人真是太好了，这么快就帮忙印好了。其实我这还有其他需要帮忙印的，稍微有点多，大概50份，你可以帮忙吗？”

由于之前已经答应过一次，而且对方也因为自己的帮助而感到开心，这样，他自然更有可能再答应一次。

可能这是个比较熟悉的技巧，但我还要提醒大家注意几点。

首先一定要让对方答应并履行最开始的请求。因为人都重视自己的事情却把他人的事情不当一回事。要让对方感觉到“自己与这件事情密切相关”才能促使其继续做下去。

◎与人交往时回馈对方的应多于你所获得的

你也不能说出“没有人愿意做了”等话语。因为第三者的评价会左右对方的判断，使其认为“既然别人都不愿意做，一定任务艰巨”，或许从一开始就不会答应你的请求。这样，一切都变得没有意义了。

相反，一定要说的是“你人真好”这一句话。人的心理有维护形象一贯性的需求：如果一个人今天好心帮助别人明天也要力求继续保持这样的形象。这就是这种需求在内心发挥的作用。

还有些人会给予对方金钱来表示感激，但这么做是不行的。因为如此一来，对方会认为“自己是为钱而为，并不是出于好心”，效果也因此减弱。

最后应该注意的是对方接受请求之后的跟进。承担的代价越大，事后对方会感到被欺骗，最终将严重影响你们之间的信任关系。

在与人交往的过程中，如果他人为我们付出了十分，我们就要回报对方十一分。

14

用专属的诚意打动对方

被人请求时，有的人会以“我不行”为由来推脱。要想打动这种类型的人，应抱着“非你莫属”的诚意。

对方推脱的理由大致有两个。

第一个是缺乏自信，认为“自己没有那个能力”。

大多数人往往不太了解自己的能力。因此有时候即便拥有超群的能力，他也会低估自己，认为自己做不到。

第二个是一种“别人也可以做到，并不是非我不可”的心理。他们不认为自己的能力有任何过人之处，换成别人照样能够做到。

从根本上来说，人都“想成为独一无二的存在”。但在竞争激烈的社会，你不可能对所有人来说都是特别的存在，因此，交谈双方都会认为“还有许多与我相同的人”。

但他们心中的那种“想成为重要的存在”“想成为独一无二的存在”的自尊感尚在，因此你更要有诚意地劝说他们，“只有你可以做到”“我要请求的人只有你”。对方才会因正面刺激过于强烈而无法拒绝。

要想说服他人，首先你要全心承认“对方的特别之处”。

请牢记这一点。

同时，你若能结合对方工作上的成就，就会更有说服力。因为这样能令对方认为这些不仅仅是嘴上的恭维话，而真的是在了解自己的基础上说出的话语。这样，你的诚意与热情会感动对方，使其答应你的请求。

◎说服力建立在“好感”与“信任”之上

对方选择推脱，拒绝自己的第三个原因是“嫌麻烦，不愿插手”的心理。

这是因为在说服之前，对方已对说服人心怀戒备。

也就是说你和对方之间缺乏信任。

这种情况下，首先要提升对方对你的好感，与其建立信任关系。

也可能是因为对方对事情不太了解才会觉得麻烦。这时，你需站在对方的立场为其进行详细说明。

“我只能求你了”。

“我只想求你帮忙”。

这两句话说出来的感觉还是稍有差别，能区分出这两句话语之间不同并使用合适的言语劝说对方，你就能打动对方。

图21　用专属的诚意打动人心

要想说服他人，首先你要全心承认“对方的特别之处”。

15
转祸为福的心理战术

有一名商人在洽谈前遇上大雨，他反而高兴地想“这下工作一定会顺利”。这是因为即使他表现得与平常没有任何差别，对方也会体恤其“冒着这么大的雨”前来而耐心地倾听他的话语。

即使自己准时赴约，却因对方的原因而无法会面，他也不会感到焦躁，而会淡定地回答：“那我改日再来。”电话打不通的时候也不慌不忙地留言。

他之所以能如此镇定自若，是因为他知道这样能够积攒在对方面前的心理优势。

一般来说，人与人的关系就是你给别人添麻烦别人同样也会给你添麻烦；你帮助他人，他人同样也会帮助你。正因为如此，当给对方太多负担时你会想去补偿他，而反过来对方给你添太多麻烦时你会希望得到补偿。

心理学上用平衡原则来解释这种心理活动，当“自己施加给对方的行为”与“产生的结果”不平衡时，我们会设法使其平衡。

◎过度的不平衡会令对方痛苦

对方冒着大雨赶过来，好不容易来一趟却因自己抽不出空而白白浪费时间。在这种压力之下，我们会在下次见面时尽量为对方做些补偿。这就在两人关系上形成了一种心理优势。

由此看来，任何不幸都能转变成机会。大雨的日子里谁都不愿意出门，但正因如此你去了，才能获得与对方详谈或是打听到一些特殊信息的机会。对方也会体恤到你专程赶来而不会敷衍了事。

但切记不要令对方觉得过于亏欠。轻微的亏欠心理能转化为你的心理优势，但若过度愧疚，对方也会“不想见到你”。总之，拿捏分寸与把握平衡很重要。

16

为不利信息打预防针

不好的事情能不说尽量不要说。

这大概是与人谈判或说服他人时人的真实想法。于是会渐渐掩饰不利的信息，净说好听的话。这种心情也是可以理解的，但用心理学原理来说这断不是一个好方法。

如果只听得到好话，被说服的对象相当于待在无菌房间。

人们的想法见地各不相同，这其中自然存在负面信息。即使当时对方能够被你说服，过后如果听说这些负面信息或是他人的评价时，他们照样会因为觉得“自己做错了”而改变心意。为了避免这样的情况发生，事先你应给负面信息打上一剂预防针。

因此，如果事先告诉对方“实际上，这次的提案也有某些不足之处，不过针对这一点我们准备了一些解决方案”。如此一来，即使稍后出现反对意见也丝毫不会影响结果。这就是美国社会心理学家麦奎尔（McGuire）所提倡的心理接种防御理论。

◎为了不让“负面信息”成为“不安因素”

譬如，有的人在订婚后发现对方有负债而致使一切泡汤。这也是因为事先没有接种“负债”的疫苗，当事人才会临时改变心意。

如果事先能如实坦白事实，得到对方的接纳。那么事后不论谁说“那个人好像还欠着债，没问题吗”应该都不会令其动摇了。

需要注意的是不能仅罗列出负面信息，还应提出应对措施，告诉对方“这么做可以解决问题”。

同时也要详细地说明如何去解决对方所担心的问题，比如现在还了多少，今后怎么偿还，预计多长时间还清等。如此一来，对方就可以对负面意见产生免疫，避免造成不可挽回的后果。

图22　为负面信息打上一剂预防针

如果存在负面信息，最好事先坦诚地跟对方说清楚。

◎对方参与其中时说服力更强

此外，仅口头解释还不够，若以某种形式让对方积极参与其中，效果将会更好。

比如可以为对方制作一份资料，并跟他说“你稍微读下这个地方，就能清楚刚才我所说的内容”。

谈判产品合同时，直接现场让对方检验产品质量会比任何说辞都更有说服力。

有些人担心坦白对自己不利的话会造成不好的影响，其实要是能在提出解决方案的基础上解释清楚，对方或许还会因为“你很诚实，对人毫无隐瞒”而对你抱有好感。

坏事无论怎么隐秘迟早都会被发现，要是你绝口不提，反而会令对方觉得“为什么之前你没说，难道还隐瞒着其他更不好的事情”。这样便会平添不必要的怀疑，令双方关系出现裂缝。

好的说话方式甚至能令不愉快的事情成为双方增强信任的契机。

第三篇小结

基本的一点在于你无法让他人动起来，只能激发他的热情，让他自己想要去做。

弄清对方的情绪开关所处的状态。

三分钟足以打动一个人。

人际关系维系的时间越长，彼此间的信任度就越高。

人们都渴望“对方接纳自己的意见”。

他人的评价能左右人的行动。

要想说服他人，首先要承认“对方的特别之处”。

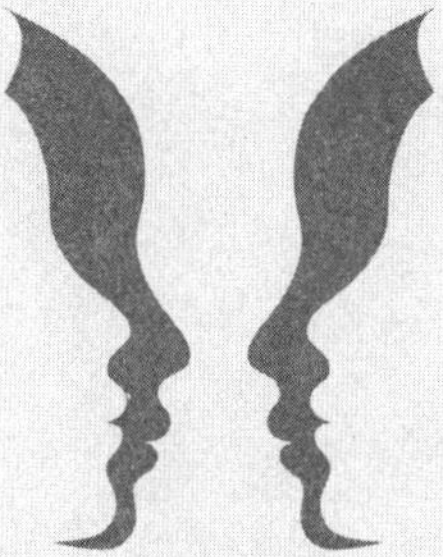

第四篇
采取策略摆脱困境

1
不因一次失败而放弃谈判

被拒绝一次就认定“不行了”而放弃的话就太可惜了。

诸如“能帮我拿下复印的文件吗”之类的简单请求也就罢了。若情况比较复杂，请求或说服他人时，很少出现请求一次就得到同意的情况。

倒是意见特别顺利地就被接纳的话，我们最好要有所留意“说不定什么时候就会出现大反转”。

人本来就讨厌被他人说服，如果对方还是不熟悉的人就更是如此。这种情况下，倘若你表现得太过激进，想要一次就成功，就只会令对方感到更加不快，谈话根本无法进行。

做与不做到头来只能由对方决定。

与其担忧无法控制的结果，倒不如想想如何才能营造出令对方易于做决断的环境。

◎大胆交给对方做决定

不应急于让对方立马决断，应给其充足的时间慢慢考虑。

“我也没期望你能轻易地同意。”

“我想您应该也有很多顾虑，您不需要立刻做决定。”

让对方知道你无论如何都会尊重他的意思，这样才能提升对方对你的好感度。而对方也会因为尊重你的行为而不便轻易拒绝。

最后，即使被拒绝也不要介意，应大方地跟对方道谢：“谢谢您百忙之中抽空见我。”这样一来，对方也会觉得过意不去，很可能会萌生“今后有机会可以试试看”的想法。

过一段时间后再试图去说服对方，他或许就会推翻之前的结论，决定“还是试试看”。这就是心理学上的睡眠者效应（Sleeper Effect）。

在做决定时，如果对信息的传达者（说服人）持有负面印象，我们便不能100%信任他们说的话，在下决定时犹豫不决。但过一两周后，我们就能将对说话者的负面印象与其传达的信息分开。此时，若只关注话语的内容重新考虑一番，就会发觉竟也不是坏事。

◎脑中常存“创造下次机会”的意识

给对方写一封感谢信或许是一个不错的策略。只是此时应只字不提被拒之事，只道感谢。还可手写以示诚意。意想不到的一封致谢信能打到对方的心坎，他会自然而然地心生重新考虑的想法。

不要去想“怎样对方才不会拒绝我”，而应思考“怎样才能得到下一个机会”。

最终，对工作来说争取每次机会才是最重要的。

要是真心讨厌则另当别论，但是对方的拒绝不能成为放弃的理由。

这时，应该用心思考对方为什么拒绝了你，以便采取适当的应对方法。

图23　不因一次失败而放弃谈判

过一段时间后再试图去说服对方，或许对方就能推翻之前的结论，决定“还是试试看”。这在心理学上称为睡眠者效应（Sleeper Effect）。

2

谈判需要占用对方时间

再了不起的人一天也只有24个小时。但在同样的时间内他们和普通人要完成的工作却相差悬殊。那些总是在与人谈判或说服他人时栽跟头的人大概没能意识到这一点。

所有谈判都需要占用对方的时间。

在这个时间内，对方“可以做完那件事”“也应该能做完这件事”，而他们暂且放下了手中的工作来倾听说服人的话语。换句话说，如果倾听的价值不及这些搁置的工作，对对方而言便没有继续会谈的意义。

想想你是否曾经因为希望面面俱到而占用了对方很长时

间。其实只要对方认为没有必要的话，说再多的话也没有任何意义，只会给其带来困扰。

说话时要注意“话语简略”并“包含对方喜闻乐见的信息”，才能加强话语的说服力。

这一现象可用心理学上的从属效应来解释。

譬如在饭店点餐后迟迟不上菜，你就会焦急。这是因为双方都默认接受点餐的人（餐厅）从属于付钱的人（顾客）这一事实。

但这种从属关系在对方让自己等待时又发生了逆转，顾客会感觉“自己被迫陷入了从属地位”。这就是从属效应产生的效果。因此，即便说了也于事无补，店员也只是低头向顾客道歉“让您久等了”。

◎记住每一分钟，对方都会损失一笔利益

无论与人谈判还是说服他人都是如此。

冗长的话语很有可能令你与谈判对象之间产生“让人等待的从属效应”。这相当于无形中增加了自己谈判的难度。

然而，如果能简单明了地表达清楚意思，因占用他人时间而产生的负面因素就随之减少。此时，如果话语对对方来说有意义，他们会认为“原来是这样啊”而更加兴趣盎然地倾听，

也就能避免从属效应的产生。

前文中也已谈及，我们大可不必强求一次将问题谈妥。

与其因时间拖沓而产生从属效应，不如简单了事以获得下次机会，这样或许更能增加说服对方的可能性。

当然，如果因时间缩减而内容也缩水，那就没有任何意义了。最好短时间内说明问题，只有如此说服他人才能打动人心。

为此，可采用第一篇中提到的一分钟演讲的方法来进行训练。倘若感到时间紧迫，就会设法“在规定时间内说完该说的话”，这样话语的密度便能变大，话语反而会更具说服力。

对方是否获益？是否给对方带来损失？更进一步说怎样去最低限度地控制对方的损失？降低对方的代价很重要。而且如果话语对对方来说有价值，代价也会相应降低。

“把时间都换算成金钱，这太令人压抑了”。

相信很多人有这样的想法，但我们要清楚拖延时间给对方带来的损失。这种意识也会促使你为对方考虑，继而转化为你的说服力。

3

传达给对方的是否是其喜闻乐见的信息

当我实施前文提到的“一分钟演讲”训练时，向研讨会上的同学们提出了两点要求。

一点是话题随意，最好是大家都感兴趣的话题。

另一点是希望表达得简明易懂。

因为一次研讨会聚集了很多人共同参与讨论，研究室里所有的人都搭上了自己的时间。要是内容不够吸引人，就是浪费大家的时间。

相反，如果能够在此获得有益的资讯，那么由于你同一时间能获取多种资讯，时间的成本自然降低，这样包括我在内的所有出席人员都可从中获益。

“将工作换算成一小时的薪酬来考虑”。

这句话作为工作教条经常被提及，其实正是这个道理。

◎令他人觉得遇见你是一种收获

说服他人时，首先应站在对方的立场，审视你的话语，选择那些对方会认为“有所收获”的话语。在此基础上说话，那些自己认为是用来说服他人的话语都可以成为对对方来说有价值的话语。

谈判不顺利时，你应反省一下“这次的谈话中是否有令对方获益的内容”。如果损失大于收益，你应该想想怎样才能让对方更有收获。

以对方的利益及幸福为原点来考虑，而不是一味以自我为中心。这样即使事情进展得不顺利，至少也能让对方觉得“那个人的话很有意思”，认为与你相遇能有所收获。

一个是见面后能有所收获的人，一个则不然，或许两者的提案差不多，但如果一定要你选择一方，相信答案不言而喻。话题无法引起对方的兴趣是因为其中没有令对方愉悦的信息。如果话语令对方有所得，降低对方的代价，说服本身对对方来说也将成为一种“收获”。

4

面对不爽快的对象，果断中断谈判以期出奇制胜

连续剧每集独立播出，但每集都会恰到好处地戛然而止。这个时候，人们便会忍不住想知道接下来的内容，他们会因此耿耿于怀，利用网络等查找相关信息。

还有很多人在DVD出来后，一口气全部租回来通宵达旦地看到第二天早上。

这都是因为内容的突然中断会给人留下强烈的印象，进而勾起人们的兴趣，想要知道“接下来会怎么发展”。

从心理学上说，这可以认为是蔡加尼克效应（Zeigarnik Effect）的作用。

该效应是苏联心理学家蔡加尼克倡导的理论，他也通过实验验证了“未完成的行为比完成的行为更不易遗忘”这一原理。

有时我们说得再天花乱坠也丝毫吸引不了对方。

倘若感觉“没什么希望”，即使还有时间也应马上撤回。你可以装作突然收到手机短信，跟对方说“不好意思，我有急事得先回去了”。

◎若即若离，说服他人的方法无定式

产生蔡加尼克效应可令听话者为没能仔细倾听而后悔，如果还有下次机会，他们极有可能高度重视。

提起谈判，你是否认为这其实就是一味地将自己的想法强加于对方？

要知道强加于对方与对方自己接受完全不同。

因此，不应只是强加在对方身上，可以试着引诱，或是从别的角度下功夫，从不同的侧面来与对方接触可令交往顺畅，说服力也能有所增强。

说服他人时，一种方法行不通还可以采用其他方法。

“如果这样还不能打动对方的话就没有办法了”诸如此类的想法令你无法说服他人。

图24　希望渺茫时果断中止谈判以期出奇制胜

不要死缠对方，若能立刻作罢，对方很可能改变心意，下次认真倾听。

5

以“仅此一家”来助推犹豫不决之人早作决定

当谈话进展到只差一步就要大功告成时，对方却开始犹豫不决。工作中想必你也一定遇到过这样的人。此时对方的心理可大致分为三类。

第一类人的内心充满顾虑，因为想着“要是错了怎么办”而迟迟无法做决断。这种类型的人对自己缺乏信心。

另一类人在思量着“说不定还能谈出更好的条件”。这种类型的人竭力与对方交涉，希望能尽可能得到更多好处。

这两种类型的人都或多或少抱有一种“现在不做决定也没关系”的想法。因此，此时若能用言语稍加煽动，便能打开局面。

“谢谢您抽空听我说明，我想要是今天不行的话我们就放弃了”，也可以像这样打出最后通牒。

说不定便能诱使对方做出答复，说道“能不能等到明天”“我们会在董事会上决议，能否稍微给我们一点时间”等。

这与受“限时半价”“限定三名”这类促销广告引诱而购买商品的心理相同。

这样一来，优柔寡断的人也好，想着“是不是还能谈出更好的条件”的人也好，当他们知道有可能错失眼前的好机会时，都定会为之所动。

同时他们也有了答应对方的理由，因为“过了这村就没这店了”。如此一来，也能增大成功说服的概率。

◎对方有意回避目光说明你已难以说服对方

另外还有一种迟迟不决的类型。

那就是“真的想要拒绝却开不了口”的情况。这种类型的人真心感激对方为自己提出这么多的提案，但从现实看来还是难以接受，他们在内心酝酿了许久却没能当面拒绝。

这时，通过观察对方的行为就能有所察觉。

例如比起刚开始，他们更加经常地想要避开你的视线，当你问道“是不是确实不好办”时，他们会有意反应强烈地说道

“不不，没这回事”。其实他们自身也很想从这种状态中解脱出来，因此才会反应如此强烈。

这时你应该果断放弃，试试别的提案。

再好的提案也可能受时机或各种条件的制约而难以实现。当谈判难以进展时不妨优先培养双方的感情。在此基础上，你可深入地了解下想要令对方接受提案，关键点在哪儿，阻碍又在哪儿。

如果即便如此还想继续谈判，你可先询问对方成为“瓶颈”的问题出在什么地方。然后，一段时间后再去与其谈判，或者可先谈别的事情再找准时机补充说明解决方案，再次尝试说服对方。

久而久之，你便可掌握令对方做出决断的诀窍。

6

尊重个人空间，改变情绪开关

多年前，在自己编导主持的电视节目中，我曾在落语家笑福亭鹤瓶不知情的情况下对其做了一个心理实验。具体的实验内容如下。

首先我安排他与导演商量事情，并暗中打开了隐形摄影机拍摄。过了一会儿，导演起身离开座位，并在离开之前特意将自己的咖啡杯稍向鹤瓶的方向推了一点儿。

这时现场就只留鹤瓶一个人，透过摄像镜头可以看出他的表情明显有些不对劲。他以一种为难又略带不悦的表情盯着咖啡杯。

到底是怎么一回事呢？只见鹤瓶确认了一下周围人的目光，悄悄地将杯子放回了原位。

人都有各自的“领域空间”。

这也叫作个人空间，鹤瓶的行为可以理解为这种个人空间遭到侵犯时的复原行为。

孩子会因父亲擅自拉开自己的抽屉而生气，这两者的原理其实相同。

◎能解读“心理距离感”就能打动他人

人本身就“不乐意被人侵占属于自己的空间”。这种强烈的欲望有时会在对对方的反应上表现出来。如果能在说服他人的时候利用这种心理，事情便能更顺利地进展。

例如，私人空间会随着关系增进而缩小，也就是说你与对方的关系决定你感到舒适的距离感。

明白了这一点，你就不会因无心之失做出令对方不快的事情。

另一方面也可将其当作一种策略来使用，你可在认为是“谈话关键所在”的时候，瞬间亲近对方，动摇对方并给其留下深刻印象。

如能理解对方的个人空间，便能有效利用物理上的距离来打动他人。

值得一提的是研究表明个人空间也存在性别差异。

一般说来女性的个人空间普遍大于男性。

同时性格也能影响个人空间的大小。外向的人个人空间偏小，内向的人偏大。此外，由于个人空间也会随时间与状态的变化而变化，因此最好从对方的反应来进行判断他/她的个人空间。

如图25所示，美国的文化人类学家爱德华·霍尔（Edward Hall）将空间距离分为四种，并阐释其与人类心理的关系。

不论是与初次见面的人交往还是揣摩对方心意，都能以此作为判断依据。

图25　通过距离感判断与对方的关系

① 亲密接触的距离 特别亲密的人之间的空间

近距离（0～15厘米）
能进行眼神的交流，感觉对方味道和体温的距离
远距离（15～45厘米）
手能触及对方的距离

② 个人距离 能看清对方表情的空间

近距离（45～75厘米）
能接触到对方身体，抓住对方的距离
远距离（75～125厘米）
两人同时伸手时手指能相互接触的距离

③ 社会距离 适用于商务场合的空间

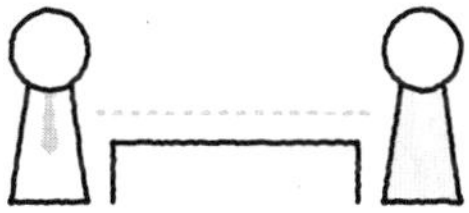

近距离（120～210厘米）
在公司接待顾客时的距离
远距离（210～360厘米）
正式商务接洽时的距离

④ 公共距离 能展望多数人的距离

近距离（360～750厘米）
二人不是个人关系，而是演讲者与听众之间的距离
远距离（超过750厘米）
普通人得到高官接见时保持的距离

7
怎样与不合拍的人相处

有种现象在心理学上被称为警觉的假想。

曾有人做过一个实验，让被试者分别列举出自己喜欢的人与讨厌的人的特征，实验后通过比较发现讨厌的人被举出的特征较多。

相关分析表明正因为人们时刻在检验对方“是否对自己不利”，所以才能更多地举出讨厌的人的特征。

反过来，喜欢对方时人会放松警惕，便不会去关注细节。这就是所谓的警觉的假想。

这样一来，人们会更多地看到讨厌的人的讨厌之处而愈发讨厌对方。如果是私人交往，还可以尽量避免见面；但如果是工作上的交往，却无法避免见面。勉强与讨厌的人交往确实辛苦。

◎假设“自己喜欢此人”

此时最好的办法是在遇到此人时将“厌恶的情绪”暂且搁置。

已故影评家淀川长治可谓是这方面的达人。

“我还从未遇到过讨厌的人”。

据说这是淀川的口头禅，但实际上他似乎也曾遇到过“难以相处”的人。

但由于工作原因，即便讨厌他也不能说。

据说当他觉得心生厌恶之时，会在心中默念“我还从未遇到过讨厌的人”。如此一来心情就能好转，依旧可以笑脸相迎对方。

当你不得不与无法喜欢的人打交道时不妨尝试一下淀川的这句咒语。同时，假想“如果此人是我喜欢的人，我会怎么做”。

我们且不用考虑对方的喜恶，而应权当“眼前之人就是自己喜欢的人”来与之相处。这样一来，你就会从不同的角度看待对方所做的行为，而对方的态度也会随之发生变化。

如此，你会看到讨厌的人的另一面，渐渐地你们之间的交往也会变得更轻松。这与同上司、前辈或是同事一起喝酒或是参加公司内部旅行一样，都能看到对方的不同的侧面以及美好的一面，厌恶之情也随之减少。

我们经常说“讨厌也能演变为喜欢”，这是因为“无法喜欢的人”其实也是你在意的人。而人们对毫无兴趣的人不会抱有任何感情。如此看来，讨厌的人或许最终能成为你喜欢的人。

许多人认为没心情就不可能有与对方相处融洽，其实不然，只要掌握了沟通技术，你就能在一定程度上与对方融洽相处。

如果学会在与对方交往的过程中运用一定的技巧，对方的反应就会发生变化，而你也会随对方反应的变化来相应地改变自己的情绪。只要你对对方产生了稍许好感，都要以之为突破口来更多地了解对方。

这样一来，人际关系自然会变得和谐融洽。

8

感到被对方讨厌时该怎么做

有时我们总感觉“好像自己被对方讨厌”。

此时要注意的是，不要因为自己单方面的臆断而情绪低落。因为人们对事物的认知会被一时的情绪左右。

“那个人一定讨厌我”。

抱着这种想法的人会因消极看待事物而看不清事物的真正面目。

这时应参照第一篇及第二篇中提及的内容，留意对方发出的信号来确认其态度。

说到底，有时正是因为自己讨厌对方才会感到“被对方讨厌”。

这在心理学上被称为反向形成，指的是实际上自己讨厌对方却不便说。这时，人们会通过强加“对方讨厌自己”的意识来寻求心理平衡。

“上司讨厌我”。

大部分抱有这种想法的人实际上自己本身就讨厌上司。

◎“不愿被对方讨厌”的心理令人际交往变困难

同样的情况下，有的人会因对方讨厌自己而有意奉承对方。要知道当人们考虑被他人喜欢还是讨厌这一问题时，出发点始终是自己。

换句话说，我们大都自身表现出对他人的喜爱与厌恶之情。那么即使你真的被讨厌，只要自己不在意，用正常的方式与对方交往。那么即使对方真的曾经讨厌过你，他们的想法也有可能改变。

比如，你在未察觉对方对你的厌恶下，仍旧善意地去接触对方，对方的态度也许会有所改变。这也就是我们在前文所说的好感的相互性，如果总想着“反正这个人讨厌我”而不去试图改变自己的态度，你将永远不可能与对方融洽相处。

一度流行的KY（没眼色、不会按照当时的气氛和对方的脸色做出合适的反应）虽说也不可取，但这样的人对他人的负面情绪反应迟钝，从这一点上说来倒也不是坏事。

只是日本人似乎“不愿被对方讨厌”，总是从消极的方面考虑事情。这也正是对自己不自信的表现。

与其考虑如何才能不被人讨厌还不如想想怎么做才能令对方开心，这样更有利于人际关系的发展。

图26　倘若觉得上司讨厌自己

我们大都自身表现出对他人的喜爱与厌恶之情。

9

认清不是所有人都能与自己合拍

我们要区别运用两种不同的沟通方式：工作以及社交场合上运用的正式沟通方式和亲朋好友等私人关系中的非正式沟通方式。而这两种沟通方式的目的也不尽相同。

在与对方沟通时，大部分情况下我们混淆了这两种沟通方式。因而，在工作上，一想到“讨厌对方”，就无法做到公私分明，继而妨碍正常工作。

如果能明确地将正式与非正式沟通区分开来，工作进展起来才会更顺利。工作是一件严肃正式的事情，在工作上不需要掺杂非正式的成分。

也就是说，如果认清不是所有人都能与自己合拍这一事实，那么纷扰自己内心的嘈杂也能变少。

“我认为在职场上合不来的人总是多过合得来的人。因为每个人的想法及行为都不一样，不可能有人会完全按照你的意愿行事”。

正如优衣库首席执行官柳井正在其著书中所述，我们不应因与对方的不合而太过烦恼。

◎一团和气的集体暗藏危机

从心理学上讲，在职场上有合不来的人也是正常的。

有的人是理性的，有的人是感性的，有习惯批判的，也有善于与人协调的，人各不相同。从集体性研究的角度来说，多种类型的人共存时组织的生产性更高。指的就是通过意见的对立碰撞出火花，提高工作质量和价值。

如果在一个关系融洽的团体中议事，很容易因过于乐观而得出更加危险的结论。这叫作风险转移（Risky Shift）（偏向于高风险高回报的更危险的决定）现象，这样便无法抑制危险的产生。

我想谁都会有一两个不愿与之相处的人，但有的时候正因为有这样的人存在才得以避开大麻烦。

◎将公司看成“训练场”

更进一步说来，与不合拍的人接触，能自然而然地锻炼自己的沟通技巧。

“性格不合”就是说无法理解对方的想法。在花费心思想去理解这些无法理解的东西时，沟通技巧也能得到磨炼。

要是觉得与某人合不来，你大可当作“锻炼自己人际沟通技巧的机会”而去积极地与其交往。一旦你在此处磨炼好自己的能力，今后商务洽谈时遇到稍许别扭的人也能应对自如。

公司本不是可以待上一辈子的地方。说不准它哪一天就倒闭了，又说不定哪天你会突然被裁员。就算相安无事地干了下来，你也终将退休离去，到那时它也不再是你的栖身之地。

因此，当你栖身于公司这个场所的同时也要想办法为自己开辟别的容身之处。而公司则可成为你磨炼所需技能的地方，何不充分利用一番呢？

10
被对方刺到痛处时，采取“STOP法”

工作上，想必你也有过因上司或客户的一句话而大脑片刻空白的经历。这时，在这个时候，很多人会乱了阵脚，惊慌失措地想“怎么办”。

感到压力时不要去想“该怎么办才好”。

感觉就要被压垮时首先要做的是驱散这种心理。也就是终止自己的厌烦情绪。

这时可以采取一种被称为“STOP法”的方法。这是美国的组织管理心理学家史托兹（Stoltz）博士提倡的方法，现被广泛应用于企业、运动等各种领域。

◎“一根橡皮圈”弹走压力

准备一根橡皮圈即可，事先将其套在手腕上。

当你感到压力以及眼看就要陷入“不知该如何是好”的恐慌时，用力弹一下橡皮圈。这样，橡皮圈的冲击能驱散你的情绪，使你冷静下来。

如果觉得套橡皮圈难为情，也可“砰”地敲打桌子。

还可突然起身或喝一杯咖啡。总之通过扭动身体，做运动来改变当前的情绪。可以试着养成这样的习惯。

其实，重要的是你不能放任自己的情绪滋生，而应通过行动来改变心情。这样才能迅速从头脑空白的状态中恢复过来。

据说职业棒球东北乐天球团的星野教练烦躁不安时就会去踢木桶，这也是他转换心情的方式。

◎困扰时“竖起耳朵”倾听困难所在

在压力之下还能不迷失方向的人有很强的抗挫折能力。

如果学会运用“STOP法”来控制住压力，抗挫折能力也能得以增强，那么就算对方突然说出过分的话语你也会不为之激动，这自然也转化成说服他人的能力。

图27　感到压力时用“STOP法”来改变情绪

通过弹动手腕上的橡皮圈来遏制
消极的想法，使自己冷静下来。

不能放任不悦情绪的滋生，而应采取行动来调整自己的心情。

此外，史托兹博士还提出了克服逆境的“LEAD法”。

① LISTEN（倾听）

② EXPLORE（探索）

③ ANALYZE（分析）

④ DO（行动）

名称由这四个步骤的英文首字母组成。运用“STOP法”平复心情后再通过“LEAD法”来思考应该如何行动，这样就能想出行之有效的解决方法。

也就是说，当就要被压力压垮时，首先要弄清楚“自己现在身处的状态”。你可以质问自己，倾听自己的心声，也可尝试听取周围人的意见。在此基础上进行调查、分析并落实到具体的行动上。

知道这样一种方法能让人感到安心。如果平时稍加注意，你甚至可以不慌不忙地处理任何突发事件。

11

秉承怀疑的精神，“对方也有可能出错”

当被他人斥责，或是自己犯下错误时人会心生挫败感。这种挫败感可以大致分为“外惩型”“内惩型”“无惩罚型”三种。

譬如，当上司呵斥道“这份文件出错了”时，外惩型的人会反驳“不可能的，请你再检查一遍”。而内惩型的人会马上道歉“是我大意了，不好意思”，之后还去反思为什么会犯错。

无惩罚型的人会说：“是吗？那我稍候再查一遍。”不管怎样，暂且场面上敷衍过去，之后再找诸如“我太忙了，没时间确认”之类的借口脱身。

外惩型与内惩型是因看待事物的方法也就是认知的方法不同而不同。外惩型的人无论发生什么事情都会认为“是别人的错”。

内惩型的人则恰好相反，他们会责备自己，认为是“自己不对”。

无惩罚型的人则选择谁也不指责，不予定论。

◎轻易道歉的人抗压能力弱

在这些类型中，内惩型的人容易在心中累积挫败感。虽然各个类型的好坏不能一言以蔽之，但太过倾向于内惩型的人与他人交往起来会很辛苦。此时首先要改变自己对事物的认识。

例如当别人指出“这份文件错了”的时候，应该考虑“是不是指责的人检查方法本身有误”又或者“检查是否充分”。做到这一点，挫折感的表达方式也会因此改变。

内惩型的人的这种“可能是对方错了”的想法就能令其倍感轻松。

我认为轻易说“对不起”的人一般来说抗压能力都很弱。因为不管怎样先说一句“对不起”就能暂时控制住场面，逃避压力。

不过有时这一句“对不起”却能将自己逼入困境。

图28　要注意内惩型的人容易在心中累积挫败感

① 外惩型

② 内惩型

③ 无惩罚型

◎上司不总是对的

如果说你不善于反驳对方，也可以采取委婉的方式来表达。

例如“我再检查一遍”也是一种说法。这样就既没有承认是自己的错也没有将责任推卸给他人，或许更容易说出口。

或者也可以试着说：“不好意思，你能再跟我说下问题点吗？”于是在这过程中，上司或许就会发现自身的错误。

实际上，上司也会有误会及错解的时候。

比如说，误以为文件漏掉了一些自己说过的内容，或者文件本身是正确的，只是上司看错了数字等。很多时候上司不一定就是对的。

虽说那些做了错事还狡辩“自己没错”的人也有不对，但这种一个劲儿地责备自己的人也未必就真心觉得自己有错。

12

商谈进展不顺时模仿对方举止

据说微软总裁比尔·盖茨有扶眼镜的习惯。在董事会上，他每次发言都会去扶眼镜，借此机会仔细观察周围的人，你会发现戴眼镜的董事们也会扶眼镜。

盖茨晃动身体他们也同样会晃动身体。他们是在用这些举动来向盖茨传达同意与赞成的信号。在《新闻周刊》上我也看到过同样的故事。

在心理学上这种举动可用“姿势反响”来解释。

这种现象是指人会在不经意间去模仿自己喜欢的人的说话腔调或是动作，是一种常见于关系亲密的人之间的现象。

◎通过自然的模仿来打开局面

事实上有人曾做过这样一个实验。

实验让初次见面的两个人对话之后，调查被试者对对方的印象如何。其实该实验中有一人是事先安排好的，实验的目的在于通过人的行为来观察其心理。

结果证明，比起没有模仿自己的人被试者会对模仿自己动作或说话腔调的人抱有好感。

而此时被试者也能感觉到对方对自己同样抱有好感。

并且有趣的是被试者完全没有发觉对方在模仿自己。也就是说，被试者自己也不知道为什么会对对方产生好感。

与人谈判或说服他人的过程中，话不投机或情绪不高的情况时有发生。

此时利用姿势反响可以打破僵局。

当对方双臂交叉着说“这不是让我们很为难吗”时你可以答道“我明白您的意思”，并且自然而然地交叉双臂，接着说“但这个问题也有这样的解决办法”。

之后对方一边喝咖啡一边说“这样可以吗”，你也可以喝上一口咖啡，附和一句“那这样可行吗”。如此，对方便能感受到你的好意，走出情绪不高的阴影。

当然，关键还在于模仿动作要自然。

有效的姿势反响包括“双臂交叉”“拨弄头发”“换腿”等。

图29　商谈进展不顺时可以模仿对方举止

人容易对模仿自己的动作或说话腔调的人产生好感。

13

化解意见分歧的策略

任何场合都有可能出现意见不一致的情况。

正如前文所述，意见的对立可激发新的创意，创造更高的价值，关键就在于如何妥善处理意见的分歧，引导其朝好的方向发展。

心理学家布莱克（Robert Blake）和穆顿（Jane S. Mouton）将出现意见分歧时的处理对策归纳如下。

① 直视问题型　找寻彼此都能接受的解决方案

② 固执型　各持己见，明确胜负

③ 妥协型　互相让步，寻求中间点

④ 融合型　　　重视和谐，求同存异

⑤ 回避型　　　搁置问题

◎越执意坚守自我的立场越无法解决问题

这几种类型中哪种方法能更圆满地处理意见分歧，有一项研究对此作了调查。调查以在美国的管理阶层为对象，询问了当与下属意见相左时他们采取的处理办法。通过实验得出了以下结论。

首先，不当的处理方法中首当其冲的便是固执型。

占处理不当事件总数的79%。

紧接着是回避型（9%）与妥协型（6%）。

相反，圆满处理的事件中采用最多的方法是直视问题型。从数字上看，圆满处理的事件中有56%的事件采取了直视问题型的方法。

然后是固执型（25%）与妥协型（11%）。

从这个结果可以看出，处理分歧时不应将问题搁置，最佳的方法是正面交换意见直到双方达成共识。

图30　用“直视问题型”方法来化解意见分歧

① 直视问题型 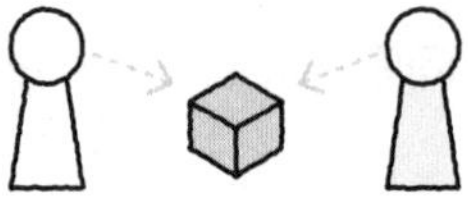	相互沟通，找寻彼此都能接受的解决方案 →占圆满处理的事件总数的56%
② 固执型 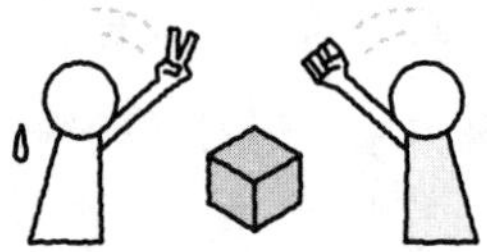	各持己见，互不相让 明确胜负 →占圆满处理的事件总数的25%
③ 妥协型 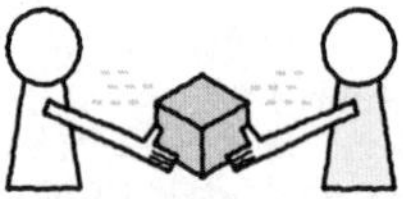	互相让步，寻求中间点 →占圆满处理的事件总数的11%
④ 融合型 	重视和谐，求同存异
⑤ 回避型 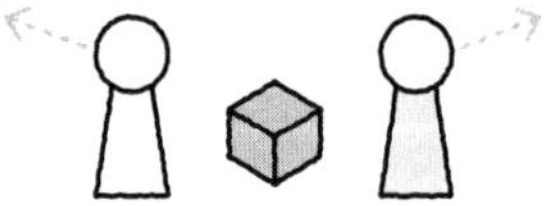	搁置问题

14

巧借对方的托词反转局势

当与他人谈判被拒时，听到的总会是那么几句固定的托词。

当对方拿这些话语明确“拒绝”时，你若还穷追不舍只会让对方觉得你胡搅蛮缠，不会对你有什么好印象。但如果巧用这些托词来应答，它们将转变为强有力的说辞。

比如，我们经常听到的理由之一就是“忙”。

所谓能者多劳，有能力的人自然事务繁忙。要是就此打退堂鼓的话你将永远无法说服对方。“忙”的确是一个得体的托词，但对此我们也并非束手无策。

“这件事还只能拜托日理万机的××先生/女士，因为这是有能力的人才可以胜任的工作。”

不妨像这样巧借对方的话语作为自己的武器来反击。

◎通过“言语反击”拿下对方

一个人越忙就证明他越有能力。

用这条原则作后盾，你在回应对方的同时也是在挑战其自尊心，这样对方也就找不到任何理由来反驳。

于是，对方接纳的概率也相对增大。

“我恐怕有心无力”。

这一句托词也是如此。

虽然最近自我表现的人多了起来，但日本人的传统观念上还是以谦逊为美德。有的人确实是实力不够，但真正有实力的人也更加谦虚。因为他们不用炫耀便能让人们知晓他们的能力。

“有实力的人才会说自己不行”。可用这句话反击对方，接着不屈不挠地再三请求对方，对方一定不会感到反感。由此如能说服对方便是你的成功。

不应强迫对方，应用对方的力量来说服他们。也就是所谓的“言语反击”。要相信任何托词只要稍加运用，都能转变成说服他人的说辞。

15

个人势单力薄时选择团队作战

管弦乐队的效果、音色的深度由各个乐器各自发挥作用配合而成。

独奏虽然也可以很美，但在深度方面还是不及管弦合奏。与人谈判或说服他人的时候，运用团队的力量可以发挥更大的作用。

譬如，当与上司与下属一同参与谈判时，利用这种效果便可提高说服力。此时重要的是明确彼此的分工。

这是因为如果不事先分好工，到时候彼此会互相依赖，都觉得对方会去做而到最后谁都没有发挥出自己的实力。

这在心理学上被称为社会性偷懒的现象。

英格汉姆（Harry Ingham）等人用拔河实验验证了这一点。

◎通过分工合作的团体作战来说服对方

他们分别测量了从1人对1人到6人对6人的拔河赛中个人的平均牵引力。

结果显示，1人对1人比赛时为59.0公斤，2人对2人及3人对3人时分别降到53.5公斤以及48.1公斤。

这是由于他们内心还有其他人在拔河时的想法导致这种社会性偷懒现象的出现。

因此团队进行谈判时也必须要事先明确分工。

例如，可以一个人负责解释说明，一个人负责跟进。换作解决纠纷，可以让一个人负责攻击，另一个人负责维护对方。

演戏时一个人分饰多角倒也不难，但在一次谈判中每个人只可能有一种立场，攻击范围也有所局限。此时，如果能组成团队，就能从多个方面来说服对方。

刑侦电视剧中，经常能看到一位和善的警官与一位有威慑力的警官的组合来对犯人进行审问的场景，就是为了达到这个效果。

16

遭拒后还可请对方介绍其他客户

当然，我们再怎么竭尽全力还是有可能被拒绝。

前文中也有谈及，再继续穷追下去只会让对方感到厌烦。

但就此放弃也实在可惜，在此最好的方法就是请对方为自己寻找新的洽谈方。

“我已经明白您的心意了，但我还是希望这个产品能被广泛使用。您还知道有谁可能对这件事感兴趣吗？”可以试着这样询问对方。

要是你在谈判的过程中给对方留下了真诚待人的好印象，他也一定会因为拒绝了你而感到些许歉疚。此时，对方说不定就会突然想起“这么说来，B社的某部长倒是有些兴趣”，并向你介绍他。

这样一来，即使这次谈判失败，由于你找到了下一个业务对象，损失也因此减少很多。而且经人介绍比起空降对方面前更容易从一开始就获得对方的信任。销售业绩高的人也是因为有很多这种介绍业务才能进展顺利。

◎长远意义上的交往能带来更大的成果

当然为此你需要与对方真诚以待。仅是利益上的关系我们称之为“工具性关系”，如果无法脱离这层关系就无法形成真正的信赖关系。

应尽量与人建立心灵沟通的关系，脱离工具性的关系。做到了这一点，即使对方当时拒绝了你，你还是能够获得其他的工作机会。从长远来看，勉强谈成一桩生意不如退一步赢得十桩生意的机会。

我们常常会为眼前的结果蒙蔽了双眼，但从长远的角度考虑，经常与对方交往也能更容易说服对方。在说服他人时我们要切记，坚持不懈与纠缠不休是两回事。

图31　不要光顾眼前利益，应以长远的眼光与对方交往

仅是建立在利益上的“工具性关系”还不够，我们应与人建立彼此心灵沟通的关系。

第四篇小结

重点在于营造出让对方易于做决断的环境。

说话时要注意“话语简略”并“富含对方喜闻乐见的信息”，才能加强话语的说服力。

密度大，时间短，只有如此说服他人才能打动人心。

我们大都自身表现出对他人的喜爱与厌恶之情。

意见分歧时正面交换意见直到双方达成共识。

尽量与人建立心灵沟通的关系，脱离工具性的关系。

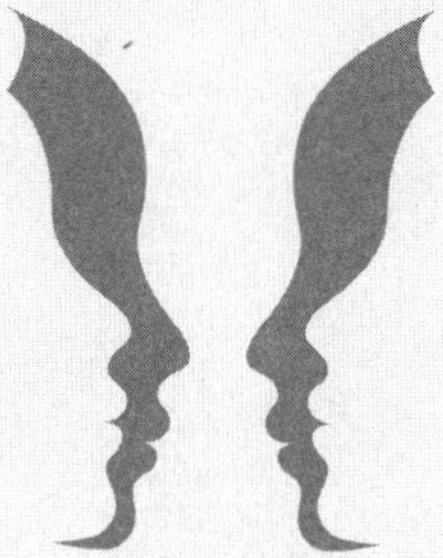

第五篇

变一面之缘为一生之交

1

若进展顺利应向对方致谢

获得许可并不意味工作就此结束。

这之后怎样去跟进，又如何获得下次机会，将会直接影响到既得成果。

恋爱也是如此，人们常说“钓到手的鱼就不用再喂鱼饵了”。如果你不珍惜对方，他们迟早会离你而去。

因此在这最后章节中我想谈谈如何变一面之缘为一生之交。

前文中也已谈及，情绪收支一旦失衡，人便会努力使其恢复平衡。因此，当感到有愧于对方时人们会想办法去补偿，而当自己的付出却没能从对方身上得到相应的回报时人们便会感到不满。

也就是说我们应比他人更敏锐地觉察到对方为自己所做的付出。

如果对方向你提供了资讯，事后你应将情况反馈给他“那时多亏得到您的指点，工作才能进展这么顺利”。如此，对方听了也会心情愉悦，他会想“要是还有什么有用的资讯我再告诉你”。

也就是说，若对方能感受到你对他的感激之情，他便能成为你的后援力量。

归根结底，对方的反应都是自己一手塑造的。我们的行动影响对方，而他为了响应我们所做的行动反过来影响我们自己，进而形成了一个良性循环。

◎钓到手的鱼更要继续给它喂食

在美国曾经有人用潜水艇传声管做过一个实验。

传声管是潜水艇中用以通信的管道。就跟电话一样，人们用它来进行通话。

当人们用带有怒气的声音对着管子说话时，对方的回话也掺杂气愤。也就是说自己的情绪传递给对方后，又返回到自己身上。

也可以说，如果自己敷衍应付，对方的态度也会随之改变。

这时，对方或许会心有不满“亏我还那么照顾你”。

这也是一种感情付出超额的状态。

就人际关系上来说，钓到手的鱼更应继续喂食。

你若能持久地友好相待，对方也会尽量在其能力范围内回报你。他会给你方便、为你牵线搭桥。就好比上钩的鱼还会给你带来别的鱼，这个比方虽然不太好，但道理就是这样。因此，之后你也应经常想想能为对方做些什么来巩固彼此间的关系。

图32　若进展顺利应向对方致谢“多亏您的帮助”

2

想要长期打交道，好感很重要

有的工作只需一次的接触，有的则需好几轮的接触。

经济不景气时，尽可能多地建立起多次合作的关系就显得越发重要。

首先可以肯定的是想要长久交往，光有好感还不够。

好感的确是人际关系的基础，是与初次见面的人相处融洽的必要条件。

但要建立更进一步的关系还需其他努力。

例如，如果能令对方有所期待，不知“下回还会有什么”，你或许能与其建立长期交往的关系。其效果如同连续剧。

“下次我要是拿这个企划案过去，对方会不会非常高兴？”

倘若对方能令你如此期待，你们之间便有可能缔结深厚的情谊。

◎信守承诺，遵守约定

我认为自己也与许多人建立了长期打交道的关系。这倒并不是平时我有多留意，只是无心之为罢了。

但若反思一下，我想这大概因为我总是能满足对方的要求。比方说定下的约定决不会临时毁约，答应的请求一定如期做到等。

这些事情看起来很普通，但无论再小的约定也要遵守，这一点关系到对方对你的信任，使双方得以长期交往。

换一个说法就是，一个人如果能够遵守约定，他的行为便可预测。

“如果我拜托他，至少能得到这样的结果”在此前提下，双方能更容易相处。

由此看来，与“行为可预测的人”之间的关系也能长久维系。

聚会的时候，人们总会想起某些人，因为大家知道“叫他出来气氛就能活跃起来”，虽说这种印象与工作没有直接的关系，但谁都会愿意与这样的人长期交往下去。

说得极端一点就是“能让场面愉快的人”，仅这一点足矣。

也就是说，如果能令人产生正面的期待，大家便会乐意亲近。

相反，人们不会对一个无趣的人抱有任何正面期待，想到再见面的情形，人们只会觉得“这回又要说什么”“难道又是来发牢骚的”等。

如果在以上方面有所注意，你就能与人长久交往。

图33　要想长期打交道，“好感度”很重要

3

能带给他人欢乐，他人才会乐意亲近你

此外，“能带给他人欢乐”也是建立长期交往关系的重要因素，或者可以说这一点也最重要。

经常有人向我提供各种各样的企划案，此时，我发现大家一起畅谈自己的发现是一件相当有意思的事情。像这样如果彼此都能有新的发现，关系便可得到持久发展。如果只是一方有新的发现，可能就难以长久交往。

商讨提案时，如果提出提案的人和参与讨论的人都能享受其中的乐趣，那么他们的交往也能长久。

◎每次见面都能有新发现的人之间能缔结深厚情谊

“不知为何，与那个公司的经营团队合作就是很开心”。

据说生命保险（LifeNet）创立之初，最先决定投资的三井物产的负责人的这样一句话令大部分出资者决定投资。

或许其他还有很多企业拥有优秀的经营者或者是能给股东丰厚的分红。但却不一定能与他们建立共同分享内心喜悦的关系。对于企业创立时的投资，投资者考虑的更多的是该企业未来的发展而不是眼前的利益。从这一点看来，在引资上“能带给他人欢乐”也是关键所在。

生命保险的副社长，也就是获选2010年世界经济论坛全球青年领袖的岩濑大辅在其著书中写道，“对步入职场的人来说，最重要的技能就是能否让与你共事的人感到快乐。”

同时，对于令人愉快的人的定义，岩濑提到了“话题丰富”“懂得他人所不知道的事物”“幽默或做的事情有趣”“对广阔的世界充满兴趣”等要点。想要变一面之缘为一生之交，你可试着从这些点着手令他人愿意与你亲近。

4

怎样令自我价值最大化

我第一次出书已经是30多年前的事情了。

一开始的时候我就纳闷“为什么就找到我了呢”，就是到现在我还疑惑我怎么就出了这么多本书。

我想之所以我能在三十多年前出书，全都是因为有伯乐来挖掘我这座矿山。

对我而言，我的伯乐就是各位编辑们。想要令交往发展为深厚的情谊，与他们的相遇便起到了重要作用。

◎“好感度+期待值”便是长久交往的秘诀

那么，为什么他们找到了我呢？那是因为他们对我抱有期待，认为从我身上“能挖掘出有价值的东西”。

是钻石还是蓝宝石，虽然不知道会挖出什么，但总之他们相信一定能挖出点什么。我认为就是从这个时候发展开来的。

可以说机遇就在于对方的期待之中。

那么，怎样才能有结识伯乐的机会呢？那就需要尽可能结交各个领域的人，与他们成为互相了解的朋友。

因为我们并不知道发掘矿脉的人在哪里。

不要仅局限于自己工作的公司或是业界，应该去了解多样的世界，丰富自己的人脉资源。认识的人多了，便会有人觉得你“身上有东西可挖”。

反过来，如果他人觉得你“没有什么东西了”“已经没有了进步的空间”，你也会慢慢与他们疏远起来。

艺人们也是这样，有些人刚开始还挺有意思，但却如昙花一现就立刻销声匿迹。反过来，有些刚开始觉得无趣的人却还能一直在娱乐圈存活下来，原因就是他们的人脉资源很丰富。

总而言之，“好感度+期待值”能促成人与人之间的长久交往。

5

你的期待能令对方改变

被人期待自然是好，而对别人的期待也有助于建立良好的关系。这种关系常见于师生之间，教师对孩子的期待能令其改变态度。

“这个孩子一定能学得更好。”

教师如果能抱着这样的期待教课，孩子们的学习也能突飞猛进，这被称为皮格马利翁效应(Pygmalion Effect)。孩子能够感受到教师对他的期待，因此他会为了不辜负这份期待而努力。

于是他们会变得勤学好问，成绩也能真的有所进步。

此外还可以运用到与下属的关系中，如果平日就对下属寄予厚望，相信其“一定能有所作为”，下属自己便会真的努力起来，并且会对上司更加信任。

◎多点期待，少点否定

同样，面对客户，如果心存期待，认为“这个人工作能力很强，我想继续与他共事”，对方也定会感受到你的期待，这样，他会尽量多与你接触。

人见面次数越多就会越有好感，这就是曝光性原则。

有了这双重效应的作用，你与对方关系没有理由得不到深化。

顺便介绍一下，皮格马利翁是希腊神话中的塞浦路斯国王的名字。善雕刻的他某一天迷上了自己雕刻的一座美丽的少女像。他希望在现实生活中也能和一位这样的少女生活在一起，于是他跪求神灵让这座雕塑变成真正的人。爱神阿芙洛狄忒被他打动，赐予了雕像生命。最后，皮格马利翁与心仪的女伴幸福地生活在一起。

对身边的人多些期待，少些否定。这样你们才能维持长久的关系。

第五篇小结

若对方能感受到你对他的感激之情，他便能成为你的后援力量。

与“行动可预测的人”之间的关系也能长久维系。

让对方觉得和你“在一起很开心”。

“好感度+期待值”能缔造长久交往关系。

对别人的期待有助于建立良好的关系。